教養是合作

諮商心理師
李家雯（海蒂）著

目錄

Part 3

與孩子合作：辨識孩子的內在渴望與困擾行為

Part 4

與孩子合作【實戰篇】：教養的要與不要

Part 5

與未來合作：「父母」這條路的終點是？

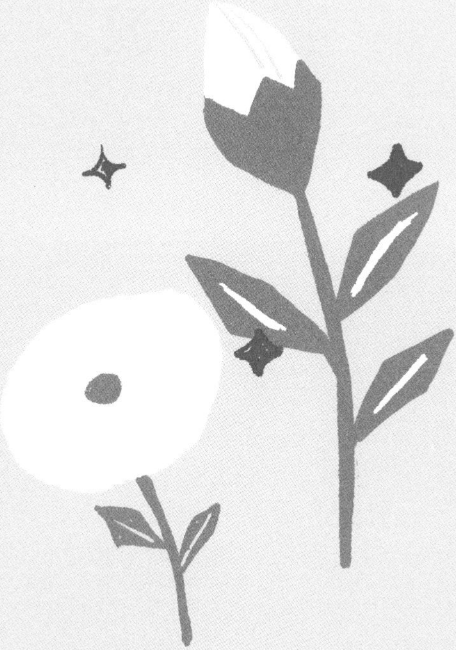

自序

那些奶漬、失眠與眼淚堆砌出的教養血淚

你生下的孩子有十磅重。

在他體內有八磅重的水，以及一些碳、鈣、氮、硫、磷、鉀、鐵。你生下了八磅水和兩磅灰燼。而在你的孩子身體裡的每滴水，都曾經是雲的蒸氣，雪的結晶，霧，露珠，泉水，地下水溝的汙水。每一個碳原子或氮原子都曾經在其他事物中有一百萬種不同的排列組合。

你只是結合了這所有的一切……

地球懸浮在永恆中。
在數百萬人之中，你生下了一個孩子——什麼？——不過是滄海一粟，根本微不足道。
他是那麼脆弱，就連在千倍的顯微鏡下才看得到的細菌，都可以殺死他……
但這微不足道的小東西卻是海浪、旋風、閃電、太陽、銀河的親兄弟。
——摘自雅努什．柯札克《如何愛孩子》（P.34、35）

時間回到九年前，當我生了第二胎之後，我心滿意足地接受眾人的祝福。他們都說：「哇，恭喜你！一個兒子，一個女兒，恰恰就是一個『好』字！」
當時的我，也是這樣相信著。一男一女的「好」孩子，細心體貼、溫柔呵護的丈夫，我的婚姻與家庭生活必然就像〈甜蜜的家庭〉所唱的，會越來越甜蜜，越來越美好。

那時候，我努力執行著心目中「理想母親」的形象。不只維持家裡的乾淨整潔，也盡力照顧孩子的身心健康與生活起居。我描繪著傳統日本媽媽的樣貌，每天早上，站在玄關對著要出門工作的丈夫，體貼可人地說聲：「再見，你慢走，路上要小心喔！」接著轉過身來，以慈愛的眼神，望著一旁的孩子們，溫柔地說：「好囉，我們一起來玩耍吧！」然後優雅地抱著懷中的女兒，坐臥在遊戲墊，一邊哺餵母乳，一邊和快三歲的兒子玩積木、拼拼圖。窗明几淨的客廳中朝陽斜灑，靜謐的空間流淌著悠揚的樂曲，那是古典樂〈晨曲〉的優美曲調。一切是那麼柔和安祥。

但，放屁！這一切幻想都是屁！TMD放屁！

真實的育兒生活哪可能是這個樣子？什麼優雅的母親、聽話的孩子、柔美的背景音樂、乾淨整潔的環境……做夢！通通都只是做夢而已！

我真實的生活是：自從生了小孩之後，洗的都是三分鐘戰鬥澡，因此幾乎每天都是蓬頭垢面的樣子。為了追著活力十足的小鬼換尿布、吃飯，我毫無形象地穿著沾滿奶漬、汗漬的哺乳衣，在家中穿梭。音樂？實際上的BGM是我與孩子此起彼落的高聲分貝——小鬼的哭鬧聲，和媽媽的狂暴怒吼聲，因為我隨時會踩到那些散落滿地、如同凶器一般的積木。每天的生活就像戰場，而我臉上掛的不是母性的慈愛光輝，而是日漸嚴重的黑眼圈，以及生產後對我不離不棄的肝斑（俗稱老人斑）。

事實上，我從沒能力掛著微笑送丈夫出門上班。相反地，我幾乎是用快要哭出來的語氣哀求著：「你今天晚上可以早一點回來嗎？你不回來我都沒辦法做事！」

不得不承認，那時候的我，累壞了！不只身體疲憊，心也憔悴。我好想成為一百分的媽媽，但我眼角裡堆積的，除了是因為洗臉時間永遠不夠而清不乾淨、夾在魚尾紋裡的新舊眼屎以外，更多的是被濃烈自卑感與罪惡感，所逼出的眼淚。

我越來越不快樂，但我不懂為什麼。我以為母愛是天性，但當我聽見孩子喊著：「媽媽！」我的念頭竟然是想逃跑！

直到某天，一位許久不見的老朋友來家裡找我。她問了一句：「家雯，你還好嗎？」聽到這句話的當下，看著老友熟悉的臉孔，我好努力地想把微笑推上嘴角，但最後，擠出的卻是已經溢滿眼眶的淚水。

我抱著老友，開始嚎啕大哭，邊哭邊喊：「我好累！」

朋友什麼話都沒有說，只是靜靜地聽著我抱怨。我哭訴自己的無力，說我有多麼挫折。想要成為一百分的媽媽，卻永遠做不到。

不知過了多久，我心情漸漸平穩，朋友溫暖地拍拍我說：「家雯，你真的很累了吧！但，你有沒有想過，你一個人就算用盡全力，也只有二十五分啊！你和先生，兩個孩子，都各自負擔自己的二十五分，加起來才是真正的一百分。」

朋友的話，宛如當頭棒喝，將我帶回理智。是啊！我從沒想過，儘管我努力獲得「滿分」，其實最多也只能達到四分之一的分數而已。一個家，是完整的圓，每個人都有各自要承擔與貢獻的責任。

「家庭，是合作，教養也是合作」。這是身為心理師的我，在執行阿德勒親師諮詢工作多年，也在家中與自己的丈夫、孩子跌跌撞撞磨合下，體悟的道理。所謂一百分的家庭，是每一個人都為彼此撐出空間，讓大家都能恰如其分地負責自己的分數，努力畫出接近一百分的家庭。而父母的責任，是努力學著讀懂孩子，引導他們也承擔自己的分數。

當我們在教養這條路，看懂原來一切都是「合作」，就可以更放過自己，不過度將所有責任都扛在肩上。

我真心覺得，這時代的父母很為難（也難為），因為我們得面對比過去更多的挑戰。我們多數都不是在溫和堅定的環境中長大的，但又不能用過去的方式與孩子相處，於是讀遍市面上的教養書，努力尋找新的方法，卻仍然感到迷惘又苦不堪言。

小孩可能昨天還和顏悅色跟你分享班上的中二故事，今天就關門上鎖，叫你別煩他。有時天時地不利、人也不合，戰火就一觸即發。身為父母的我們，那些「同理、接納、包容」、「溫和而堅定」、「守住自我底線」……什麼鬼的，根本就使不上力！

這樣的狀況下，真的很難實踐所謂的「教養公式」。但，我們就完全放手，直接拋棄原則了嗎？難道就沒有可依循的方向了嗎？

並不是這樣的。諮商工作多年，與眾多不同年齡的孩子互動，也跟自己的孩子拉扯過後，我慢慢體悟到，教養這件事，更要回到「人與人」之間的關係。於是，**「教養」反而更像是，我們時時刻刻都在尋找最剛好的狀態與距離，**

溝通相處。

簡言之，就是人與人之間的「合作」。

因此，這本書不會有一個標準答案，告訴大家要怎麼做，才會永遠開開心心地陪伴孩子，或是如何才能讓孩子總是欣然接納父母的建議或指導。因為這完美的情境，在真實世界裡從來就不曾存在呀！

人與人相處，本來就會有許多磨合與不確定，因此每天盡力嘗試，在相處中體驗「Here and Now」（當下），才是最恰當的方法。如果今天真的做得不夠好，FINE！反正明天還是可以砍掉重練。而如果今天狀況很好，也無須留戀，因為明天可能又是新的局面。

世上沒有所謂標準教養，每個家庭都有自己獨有的文化與風格。沒有人有資格評論另一個人在教養上的對錯。我也不會評判你過去的教養方式，因為每天眼淚往肚裡吞的是你，不是我。我沒有資格評論你。

但我能做的，是提供你不同的方向與思維，**陪你探索家中獨特的脈絡，回到你與孩子之間的連結與情感需求，找到雙方都能接納（和包容）的相處方式。**

當孩子越來越大，我慢慢意識到，或許養兒育女的意義在於，當我年老之後，我與孩子的關係依然維持，彼此沒有憎恨，沒有怨懟。他們願意帶著自己的孩子來看我，依然對我的生活有所關心，讓我知道……這一路上，我沒有錯得太多。

或許這就是最好的教養——**找出與伴侶共好，也與孩子共好的合作之旅。**

而這趟旅途，別忘記我們還有外部的支持系統。從前，養孩子是一個村落的事情。現在，我們可以自己募集村落成員，把身旁可使用的資源納入，成為我們最佳的教養顧問團。

世上沒有任何一個人，能替你解決與孩子的問題，也沒有人能替你改變與孩子的關係。**唯有你自己願意試著用不同角度，來看待教養這件事，改變才有**

可能發生。當你願意，合作的教養機制，才可能啟動。

現在，你準備好了嗎？

Part 1

寫在面對孩子之前

01 在教養之前，先回到夫妻吧

時間回溯到十三年前，在老大出生的那一夜。那晚，是我在教養旅途上最震撼的第一堂課：原來小孩生下來之後，才是地獄的開始！我與先生的關係，也自此在不知不覺中，下滑到一個我從沒想過的低落位置。

首先掀開了我和先生「崩壞睡眠品質」的第一頁（也是第一夜）。當時提倡母乳親餵的「母嬰同室」，把我折磨得不成人形。剛升格為新手媽媽的我，日以繼夜地忙著應付那團「一抱起他餵奶就秒睡，一放下便哭」的兩千五百公克肉球。我不知道該怎麼滿足他，也找不到這團肉的使用指南，就算有醫護人員近在咫尺可以幫忙，但身為母親卻聽不懂懷中嬰孩的哭泣聲，讓我手忙腳亂又挫折不已。而陪我生產的先生其實也沒有比較好過，他整天得忙著應付絡繹不絕的電話、接應不暇的親友訪客，又要照顧我，同時工作上的事情也停不下來。他身心疲憊，可想而知。

但我當時剛生完孩子，體內荷爾蒙正在急速變化，情緒嚴重波動，哪裡明白他的為難。我白天沒得睡，晚上也沒得睡，整個人被逼到緊繃。還記得生完孩子的第二晚，終於我好不容易睡著了，卻在半夢半醒間，被先生那因疲憊而震耳如雷的鼾聲給吵醒。相較於自己的疲憊不堪，他躺在一旁的摺疊床架上，自在地呼呼大睡，我整個人不禁火大起來，一股腦地就想把所有情緒全都發洩在他身上，於是便把枕頭往他使勁砸去。現在回想起來只覺得好笑，但那個畫面鮮明立體，很難忘記。

〃有了孩子之後，我們怎麼了？

多數的我們在孩子落地前都不曾料想到，原來新生命的誕生會讓往後的婚姻相處，震盪出如此劇烈的衝擊。我們都聽過：「孩子是夫妻關係的潤滑劑。」卻沒想到真實的狀況未必如此，就算情感再穩定的伴侶，也不一定能保證孩子到來後的婚姻品質。這不是我個人的經驗或觀察而已，事實上，早在一九五七年，美國著名社會學家馬士特（E. E. Lemasters）就發表過相關的研究報告，指出有八成左右的夫妻在成為新手父母時，體驗到了中度以上的婚姻危機。後續相關的研究，也有不少類似的發現。不管是研究還是經驗都是這樣告訴我們：**孩子出生確實會干擾婚姻關係**。所以，到底發生了什麼事？

三、四年後，女兒也出生了。接下來的日子裡，我和先生忙碌穿梭於工作與子女照顧之間，我選擇離開正職工作，在維持兼任工作之時，也努力當個全心全意的「標準媽媽」。然而實際的狀況是：家裡亂七八糟、朋友逐漸失聯、睡眠嚴重不足，連要上個廁所也得懷中抱著小的，嘴裡哄著大的。當先生下班回到家，我已經精疲力竭，根本沒有多餘的力氣去關心他：「你今天過得怎麼樣？」而先生工作一整天，也是疲憊不堪，好不容易回到家想放鬆一下，我卻臭臉以對。面對生活的雜亂失序，就算沒有怨言，心裡必然也不會覺得舒服。要他有多好的臉色，也是為難。這樣的場景不是只發生在我家，當我有機會和朋友聊天，才發現有孩子的幾乎都是如此。因此，在這種情況下，若期望夫妻關係與婚姻品質還能一如既往，簡直是天方夜譚。

事實上，一個生命的誕生，就是會改變家庭原本的結構，因為人跟人相處一定需要時間來磨合。在此，我想引用《父親養成指南》這段話：

「你與伴侶在成為父母之前是兩個人，透過愛情與許多共同的經驗，跌跌撞撞中，找到磨合的方式，努力達成平衡，來了一個孩子，像是團隊多了一個成員，如果你與伴侶缺乏可借助的生理與心理資源，就容易造成混亂，因為大家都在學習自己的新身分。」（P.206、207）

於是，「孩子抵達」這個狀況迫使了共同生活（或者，沒有一起生活過）的兩人必須打破以往的互動模式，重新找尋一套新的、更為適用的合作方法。**當家中多了第三者，所有的角色都必須重新設定，父母雙方也在各自尋找方法以適應這個初來乍到的新人。**於是，你看待自己的眼光不同了，你不只是伴侶，還是孩子的「父母」，你對自己開始有了不同的期待；同樣地，你看待另一半也不再只是你的伴侶，他成了你孩子的媽媽／爸爸，你對他的期待自然與過去不同了。因為身分的變換，你們改變了對彼此的態度與期待，而慢慢失去原本的角色。

更何況，有時候在整個過程中，你連自己具體需要什麼？想要怎麼做？都還停留在一個模糊的階段。你的另一半可能也是如此，他對自己身分轉換的過程也還不清楚，又如何能夠立刻變成符合你期待的樣子呢？

〃孩子抵達，是關係改變的危機，也是契機

然而這個狀況並非無解，研究顯示，若父母在懷孕期間、甚至孩子出生後，都能在互動過程中，有「意識」地去維持彼此的正向關係，並互相同理，不只可以提高家庭的穩定性，更有助於親子關係的建立。就像是個正向的循環，當父母雙方均表現出意願，努力建立友善及合作的溝通，就越能幫助彼此在教養上的角色切換，兩人也會對家庭分工的滿意程度越高，進而提升對自己的滿意度。

然而，要是伴侶兩人都對自己認識不夠，也對對方的認知基礎不足，就很容易因親職議題而引發衝突。當父母的關係穩健也能友善溝通，所養育的孩子就更有機會自在、健康地長大。這不只是在教科書上的老生常談，也是我多年在個別兒童／學生／成人諮商經驗裡所觀察到的。當然，這絕對不是說父母之間就不能吵架，而是代表父母得願意花更多心力在溝通與合作這件事情上。於是，**倘若伴侶之間的溝通習慣，可以在孩子誕生前就先建立，那麼，不論雙人**

磨合、三人磨合（甚至是四人磨合）肯定會更加順暢。

若等孩子出生後再來討論，困境正要一波接著一波來襲，就好像敵軍已經攻打到了門口，國家才要討論戰略，總是緩不濟急。但，如果即時開始，亡羊補牢還是可以將傷害降到最低。所以不論孩子多大，伴侶溝通與經營越早越好，現在你就可以開始和另一半練習更友善地討論：

- 你希望自己成為什麼樣的母親／父親（包括：認知想法、具體行為、情緒表現）？你的期待是否客觀？是否有將自己的實際限制納入考量？
- 你期待對方是什麼樣的母親／父親？這樣的期待是否符合伴侶的「真實樣貌」？還是過度期待？
- 孩子犯錯或出現問題時，你們會用什麼樣的態度面對？
- 在孩子的人格養成與知能教育上，你們希望採取什麼形式、風格、策略？例如，孩子幾歲起開始給零用錢？何時能擁有自己的手機？要讓孩子念公立學校還是私立學校？等等。

● 你們打算花多少預算在孩子身上？包括教育費、娛樂、保險等（這往往是父母避而不談的，卻是孩子成長過程中，最容易引發伴侶衝突的議題）。

還有其他你認為在教養中重要的事，都應該在雙方感覺自在的情況下好好討論。這可以減少在孩子出生後，你們面對問題發生的當下，可能產生的「不符期待」的失落感。

〃允許孩子以你不熟悉的方式長大

你與你的伴侶可能在結婚前，也就是交往時花了不少時間在彼此磨合、習慣對方，並釐清各自的需求。因此也請別忘了**你跟你的孩子，以及伴侶跟孩子之間，是兩組需要培養的「個別」親子關係**。你的伴侶，與孩子建立關係的方式一定不同於你與孩子建立的方式，因為你們本來就不一樣，也扮演著不同的角色。

根據德國雷根斯堡大學榮譽退休教授葛羅斯曼（K. Grossmann）的研究，母親與孩子的依附連結，是以「關愛與照顧」為基礎，提供孩子安全感的來源。而父親與孩子之間的依附關係特徵，則是提供「穩定與安全探索」。也就是說，這意味著，母親可以給孩子父親無法給予的溫柔呵護，而父親能給孩子母親給不了的勇氣。**不論是父親還是母親，都可以給孩子獨有的禮物。**學習包容雙方的差異，需要的是建設性的溝通，**前提是我們心裡得接納孩子在成長過程中，一定會接觸到「跟我不一樣」的對待方式。**你能給孩子的，必定是出於最大的愛，但這不代表另一半給的就不夠好。請允許對方也花時間摸索成為「爸媽」的感受，共同擬定教養計畫，避免武斷與批評，並同理支持彼此，更要避免人身攻擊。而兩人同調，就能避免雙方在教養主導權上拔河的衝突。養育小孩，不是為了證明誰對誰錯，更不是競賽。

這就像是長期抗戰，每天都會經歷各式大大小小、內內外外的困境，內部意見越能溝通整合，就越能抵抗外部的困難。兩人之間多了孩子，自然會有更多爭吵的來源，不過也會有更多一起感動、微笑的時刻。你可能比以往更埋怨對方（像是半夜誰要起來餵奶？孩子幼兒園的成果發表會誰負責去佔位子？等等），但也可以比以往更感激對方。

人需要互相合作才能生存，養大孩子更是。在養育的階段，請回到關係經營之上，你與他人的互動，以及所有情感表現，都將是孩子的第一個楷模，這個「他人」包括了你和伴侶、其他親人等。你們會為孩子示範人際之間的各種重要相處模式。**練習合作與友善溝通，不只是為了打造友善的教養環境，也是為孩子示範人際生存法則的第一課。**

努力經營與伴侶的合作關係，就是你邁向良好親子關係的第一步。

不詆毀他人，也不委屈自己。以溫和與尊重的態度彼此交流、對話，避免人身攻擊。

- 開始練習「有產值的分歧」。可以先從討論小事開始，每個家庭的「小事」不一定相同，但可以從比較無傷大雅、不涉及彼此價值觀的事情開始。例如，門口的鞋子應該怎麼收納？室內要不要擺放植栽？過年要不要貼春聯？等等。

＊關於「有產值的分歧」，可以參考巴斯特·班森的著作《意見不同，還是可以好好說》（2021，天下雜誌出版）

教養小練習

有產值的分歧

(Productive Disagreement)

與伴侶溝通，難免會有「分歧」的時候，但分歧就是核對彼此的機會。讓你們的「分歧」不是吵架，而是有效益的溝通，這就是一個重要的練習。

- 當意見不同時，請讓過程像「意見交換」而非攻擊或衝突。讓不同的視野都有機會被接納，而不是只想找對方的弱點來攻擊。
- 自我表達時，認為自己是對的；聽取他人時，則請當作自己是錯的。保有自我反思與彈性轉換的可能，也避免自己過度武斷、主觀。
- 以善意和尊重的方式詮釋對方：任誰都帶著自己的主觀判斷看待人生，每一種論述與表達方式都有其存在的意義。看見對方存在的「必要」，可避免自己反射性的反對。即使對方與自己觀點不同、站在不同立場，也不代表自己是錯的。同理可證，你的觀點當然也有存在的必要！相信自己和對方都很好，才能避開「二元對立」思考。
- 大方承認對方的優點，並不會讓你成為更差的人，反而能訓練自己培養更包容的態度。不需哄抬自己，但也不要輕視自己；相同地，

02 鼓勵你的伴侶（特別是氣餒爸爸們）

對！這篇我想寫給許多在教養裡，總覺得另一半是「豬隊友」的父母們（特別是失望的媽媽們，以及氣餒的爸爸們）！同時也是寫給我自己，因為過去十年來，我在教養過程中與伴侶不同步，對先生的種種誤解，使得我錯失在更早的時候展開友善合作的機會。而現在將它寫出來，不只是對我自己的持續提醒，也希望能為正面臨同樣困境的家庭，提供一些改變的契機。

先問問這個問題，大家都說母職是天性，那你認為「父職」呢？

傳統我們都認為，「父職」（甚至是「父愛」）是後天養成，覺得爸爸們都是等孩子出生後，才有「為人父」的意識。我過去也這樣想的，就連我們家孩子的爸爸也曾經這樣說：「媽媽是孩子在肚子裡就開始當媽媽，而爸爸是孩子出生後，透過一次次幫他換尿布，才開始變成爸爸的。」於是，我們似乎也會覺得，爸爸們在養小孩的路上做得不好、不完善，或有時出現那種「撒手不管」的態度，是理所當然的。

但真的是這樣嗎？過去這幾年，我開始觀察到，有許多父親在教養子女上，態度謹慎小心、對孩子呵護備至、亦步亦趨，從不假手他人。讓我不免好奇：「父親對孩子的關愛，真的是單純後天使然嗎？」

一般來說，許多媽媽們會覺得伴侶是「豬隊友」，是因為在基因上，比起與異性合作，人類更習慣與「同性」合作。在演化的習性上，相同生理性別的物種享有類似的慣性、行為等，於是在互動合作上可以最省力，就像是減少了「翻譯」的過程，這是生物進化的簡約原則，**人類行為會經由最不耗費能量的**

方式執行。我個人猜想，也可能因為如此，我們在習俗上多半很習慣聽到娘（婆）家媽媽幫忙產婦做月子，卻鮮少聽過娘（婆）家爸爸幫忙做月子的（當然不是沒有，但確實較少）。

即使如此，儘管生理性別不同，同住在一起的父母要能做到友善合作，應該也不是天方夜譚的事。因為同是一家人，彼此的生活習慣、想法、價值觀接近，就算一開始存在些許差異，也依然比起和外人合作要來得容易許多。於是當孩子誕生，隊友們不一定真的是「豬隊友」，**很有可能是初期在行為習慣與認知理念上的不同，導致磨合時期困難的主觀感受，未必是因為生理性別差異所造成的**。另一方面，認為「父愛與父職不是天生使然」，而覺得不需要期待爸爸加入教養的過程，也可能只是因迷思而產生的誤解而已。

〃父職也是天性

事實上，已有不少腦科學的研究顯示：「父職可以是與生俱來」。科學家透過追蹤觀察，發現父親們在「生小孩的預備期」或「配偶懷孕期間」，他們大腦的激素、體內的荷爾蒙就會變化，在腦中開始預備他們進入「父職」的角色，產生「**作為父親的意識**」。只是當孩子出生後，父親們確實還是需要透過學習，才會知道許多教養上的「技能」，例如，怎麼抱小孩、如何幫小孩換尿布、幫小孩洗澡、拍嗝……等等。但母親不也是嗎？孩子出生後，媽媽們在月子中心努力上課，學習怎麼幫軟軟的小孩洗澡、嬰幼兒脹氣該怎麼辦等課程（拿我自己來說，我也是生完孩子，聽從護理師的教導才知道如何正確哺餵母乳、幫孩子拍嗝的）。

或許多數男性在做精細動作時較不如女性，於是他們在學習照顧「軟綿綿的嬰孩」這件事，本身就得花上比較久的時間。加上男性和女性在成長的過程裡，本身遊戲的習慣不同，傳統上，女孩多被鼓勵玩扮家家酒、照顧遊戲，而男孩習慣玩官兵抓強盜、追逐遊戲，也促成了雙方在「練習照顧幼孩」的經驗上有所不同。我的意思是，**「過去體驗與練習的經驗差異」可能造成了面對剛出生的孩子，父母雙方在熟稔速度上有所不同。媽媽們可能會比爸爸們容易上手，但不代表爸爸們做不到，或不夠愛孩子。**

有趣的是，人類其實是唯一會「主動教養」孩子的物種。研究發現，就連與人類接近的靈長類大猩猩也不會這樣，牠們的模式是透過父母做，孩子們在旁邊觀察、模仿、跟著做，而學習來的；大猩猩並不會主動「教」孩子該怎麼採食。只有人類會主動提供示範、指導、矯正等方式來教育，所以人人都有教養兒女的本能，父母皆然。

所謂「母性」或「母職」的優勢，可能是從懷孕起，媽媽便和肚子裡的胎兒一起生活，就像是室友一樣。吃喝拉撒都在一起，連情緒感受都會共鳴共頻，加上大量的女性荷爾蒙會幫助媽媽在生完孩子後，立即舒緩生產的疼痛，促成媽媽們能夠快速與剛出生的子女建立情感連結。

父親們確實得等孩子出生後，才會開始與孩子建立「肢體接觸」（當年我生老大的時候，就連孩子爸爸進產房，也得是醫師同意後才能進入的）。儘管和這塊「肉團」具體培養情感的過程，要等真正接觸後才開始，卻不代表父親沒有辦法預備自己成為父親。**就算孩子還沒出生，光是父親們在大腦裡想像與孩子的互動，就足夠刺激他們的生理變化。**

父親與孩子的依附關係

研究顯示，親子間的依附關係是雙向的，孩子連結父母，父母也連結孩子，無論爸爸或媽媽都是。父親與孩子要在出生前就可以有情感的連結，取決於幾個面向：

- **父親多常想像孩子出生後的畫面？**他對想像中的孩子是不是抱著「正面」的感受？對於即將要出生的孩子有沒有期待感？

- **能否想像自己是一位融入孩子生活的父親？**對自己父親角色的期待，是否為與伴侶共同教養孩子，而不是抱持過去傳統上「我只要負責賺錢就好」的父親角色。也就是，在心理上先想像自己預備投入孩子生活照顧的程度有多少？人會因為對身分的多加思考，而改變對自己的感覺以及與對方的關係。事先想得多，預備得多，就越能順利完成身分的轉變。
- **與伴侶關係的本質。**是的，我想再次強調，如果孩子出生前，夫妻雙方是穩定的、緊密的、健全的，彼此也滿意這段關係，並互相支持對方的角色，那麼，爸爸們會比較能與媽媽腹中的胎兒形成緊密連結。

成為「爸爸」會改變一個人，而這個改變，有時光是透過大腦的「想像」，就足以影響父親的生理變化，刺激大腦中的荷爾蒙，催化出父愛的天性。而這些變化可以是爸爸們在把孩子抱進懷中之前，就已經開始的，這是所謂心理改變生理的最貼切寫照。但是，**要是父親們在伴侶懷孕的九個月中，依然置身事外，或者沒有意識到孩子的到來是需要預先在心理上準備的，那之後他恐怕會**

格外辛苦，伴侶間的親密關係與親子間的依附連結，自然也更加困難。

我們確實不能忽略一個事實，孩子在一歲以前，就像是一坨軟爛的小肉團，對一般來說感覺粗枝大葉的父親們，要「hold住這個孩子」，好像真的沒有這麼容易。於是在爸爸們常被嫌笨手笨腳的情況下，很常見的就是乾脆退場，讓自己扮演「次要家長」的角色，而把媽媽推向孩子主要照顧者的位置。

父親與母親，要與孩子建立「連結」的步調和發展的機制，本來就不一樣。因為父親與母親的「親職過渡期」（適應與學習如何成為家長所需的時間）不同。一般而言，父親會比母親需要較多的時間來適應有新生兒的生活。親職過渡期，不只是性別上的差異，也會有個體上的差異。同樣都是母親或父親，有些人就是比其他人需要更多時間來預備自己，然而，這不代表他們就比較不愛小孩，而只是單純「需要時間」而已。另外，有研究顯示孩子要到一歲以後，才比較「好玩」，父親在此時比較容易感到親子間的正向回饋。但很多父親可能在這之前就先因為氣餒與挫折，或者被伴侶嫌棄到爆，乾脆放棄了。畢竟誰想當個多做多錯的人？如果不做不錯，單純當個「付清」的角色，不是比較容易？

這就是為什麼前一篇提到，良好的教養裡，伴侶需要同理並鼓勵彼此。若能催化並鼓勵父親的角色，夫妻之間的關係也會越健全，爸爸與孩子的親密程度自然就越高（當然，父親本身的性格以及孩子的特質，也都會有影響）。

當父親被擋在門外

曾有國外的學者觀察到這樣一個現象，稱為「母職守門」（Maternal Gatekeeping）。描述某些母親不論是在態度或行為上，都不願意讓父親花時間陪伴子女（不論是刻意還是無意）。我在進行親職諮商時，也觀察到這樣的現象不只發生在單一性別上，不論是父親或母親，都有可能在無意識下，阻礙了另一半投入積極教養的角色。

這類父母們，往往高度投入小孩的所有作息與生活，認為自己才是最好的照顧者。因此，他們會要求別人按照自己的方式來照顧小孩，如果對方不符合期待，就會抗拒讓對方照顧孩子，也不願意將教養孩子的責任分擔出去。很多時候，他們甚至會過度且公然地批評另一半的教養方式。**這些父母們不見得討厭自己的伴侶，只是更容易在教養中認為自己做得比較正確，把另一半視為教養關係中的「助理」，而非隊友的角色。**

親職守門員的狀況，父母雙方都會發生，只是比較常在母親身上觀察到。這個現象也特別容易發生在夫妻之間有衝突的時候，反映出兩人的婚姻關係可能原本就不夠穩固，而其中一方把「照顧孩子」這件事，當作是兩人權力拉扯的武器。

事實上，父親與母親，本來就是獨立的兩個人，他們會給孩子不同方式的愛。孩子獲得的，也必定是「綜合式」的愛。隨著漸漸長大，孩子在不同階段自然有時候需要媽媽的方式多一點，有時候需要爸爸的方式多一點，這是孩子個體發展下的必然。所以父母們需要做的，便是**去允許，也相信**：相信自己，相信孩子，也相信伴侶。別忘記不論是孩子的爸爸或媽媽（甚至阿公阿嬤），一定都會給予孩子獨特也適合的愛。

我們的社會對於「友善父親」其實還不夠理解，也做得不夠，導致許多父親承受挫折（被他人誤會，或自我誤會）的機率很高。每個家庭成員在適應「新人加入」所需要的時間都不同，所以不論是父母，都需要被鼓勵。然而，當我們過度愛孩子，就容易主觀地認為自己愛孩子的方式才是絕對正確，不自覺會排斥、嫌棄另一半愛孩子的方式。但任何事都需要時間，人也需要時間來習慣彼此、適應新生活。**當夫妻的關係加入第三者（即你的孩子），當然也需要時間來找到新的平衡。**你的另一半也許無法像你動得這麼快，這並不代表他不想動，而是他在用自己的步調努力著。

其實父親也好，母親也好，都得適度放過自己，也放過對方。**成為剛剛好的父母，就是剛剛好的教養。**

到巨大落差。原本想像自己可以快速上手貼近孩子，現實上只覺得自己笨手笨腳，有種什麼都做不好的自我挫敗感。

- 傳統認為「父親」該是能獨當一面的一家之主，讓父親們更費心想平衡家中任務、工作與經濟負擔，於是更顯疲憊。
- 越是欠缺親密的人際關係，父親產後憂鬱的發生率就可能越高。

一般來說，父親的產後憂鬱很難被發現，一來傳統社會普遍抱持著「男性比較堅強」的迷思，而且生小孩的不是父親，於是認為他們應該不會有心理適應問題。加上關於父親產後憂鬱的宣導並不充足，使得父親們能得到幫助的機會更少了。然而，這確實是我們應該要注意的議題。想在家庭裡打造「合作式教養」的團隊，就不能忽略，任何一個「隊友」的身心照顧都同等重要！

教養小補充

關於父親的產後憂鬱

你可能會很意外，這年頭「父親的產後憂鬱」其實不少。自二〇一〇年代開始，國外就對此議題有不少探究。你也可以在「社團法人臺灣憂鬱症防治協會」，以及其他憂鬱症防治機構的網頁上找到相關資訊。

先別忘記一件事，變成父母，本來就是件令人疲憊的事。短時間內，有太大量的事情得學習和預備，任何人都需要實務、情緒、知識方面的協助。照顧新生兒是非常耗能的事，父母雙方也都需要花時間經驗「過渡期」。於是，父親也可能患上「產後憂鬱」，也許相對少見，卻不是沒發生過。

父親的無助，有些可能來自：

- 孩子出生後，自己被排斥在母嬰關係之外，成了「付清」。原本一心想著三人世界的美好，卻發現自己比較像是孩子跟伴侶之間的第三者，其失落心情可想而知。
- 父親在孩子出生前，對父職的角色過度期待，卻在孩子出生後感受

03 與你的孩子合作

「給我立刻去睡覺！」某夜，在孩子睡前，我再度忍不住失控吼了他。後來，當我冷靜下來，望著他已經睡去、眼角還帶著淚痕的稚嫩臉龐，一股濃烈的罪惡感湧上心頭。挫敗極了！我感到自己再次陷入「失格」母親的牢籠。想著：我怎麼又犯了？難道我真的不適合當母親？

上述的狀況，曾經如此真實地發生在我們家裡。特別是孩子還小，格外需要大人陪伴以消耗體力的階段，這樣的戲碼幾乎每個禮拜都要轟烈上演。我經常感到焦慮、挫折，不能諒解自己沒法按照教養書上所說的「當個不輕易動怒、不隨意發火的母親」。每當我做不到溫和堅定的態度，嚴重的罪惡感便油然而生，認為是自身能力不足，甚至覺得是自己性格上的瑕疵造成的。「一定是我不夠好，才會做不到書上寫的那種『標準漂亮』的教養方式。」我把所有與孩子互動品質的責任全攬在自己身上。只要做不好，就都是我的問題！

但事實上，影響教養風格的關鍵可不是只有單一因素。

影響教養方式的三大關鍵

美國兒童心理學家傑・貝爾斯基（Jay Belsky）曾經提出，一個家庭的教養方式會受到三個主因影響：

- 父母本身的遺傳與心理素質
- 孩子的氣質與個性

● 可以支持這個家庭承受壓力的外部資源多寡

也就是說，一個家庭在養育小孩這個舞臺上，必定是「**雙主角**」的概念。兩方主角一起主導著這齣戲劇的樣態：一邊是「**照顧者**」的特質和心理狀態，而另一邊，就是這個家「**孩子**」本身的氣質和個性。兩者相互交錯下，相互影響也改變整體的教養風貌。另外，還有來自舞臺上上下下、裡裡外外的一切刺激與壓力，也會干擾舞臺上的人。

想想這確實有些道理。想像你到一個新公司去，起初到職前，你滿心期待這份新的工作，對於即將要負責的職位也有了大概的預先了解，雖然不清楚實際狀況，但你知道這不是一份你會任意放棄的工作。當你以為一切都準備就緒時，沒想到頂頭上司竟然是一個喜怒無常、不按牌理出牌的人，不但不給你工作手冊，還會依心情隨時改變對你的態度和行為。在這樣的狀況，就算你原本有再多完善的準備、再強大的抗壓性，長期下來，你跟老闆的關係想必也會有所改變吧！

想像一下，父母和的孩子關係有沒有可能也是這樣的呢？

事實上，每個孩子都不一樣，他們有獨特的大腦迴路，就算是DNA相似的雙生子，在同一對父母、同樣的環境中長大，也會有截然不同的反應。因此，父母在回應不同孩子時，也自然會使用不一樣的方式。就像我的兩個孩子，面對比較小心謹慎、也不太會表達喜好的哥哥，我大多會用力地鼓勵他去嘗試各種課餘活動，希望他能增加生活的豐富度。而對於活潑好動的妹妹，我可以更放鬆地跟她討論她對課外活動的喜好，而討論的重點，往往只需要放在如何「篩選」活動安排即可（若哥哥是「加法」教養，妹妹便是「減法」教養）。

我們往往沒有意識到，**在面對不同孩子時，父母也會很自然地變換成不同的教養作風**。我們過去大多認為，是易怒暴躁的父母，才會養出情緒敏感或神經質的孩子；但會不會也有可能，是孩子天生氣質上就較為敏感，不容易照顧（即傳說中的磨娘精），使得父母在日漸疲乏的生活裡，更顯得情緒暴躁。

當然，我們絕對同意父母對待孩子的方式，對孩子的個性有著必然的影響，因為我們不能否認父母的養育環境，是形塑孩子人格特質的關鍵。但有關連未必等於絕對因果。不能忽略的一個事實是，**人與人之間的互動必然是雙向的，親子關係也是，一個家庭內部的動力絕對不是單行道，而是雙向互動牽連的結果。**

〃孩子也在無形中改變你

許多父母沒有意識到，所謂「**教養是合作**」的經驗，其實早已發生在生活周遭。不只是父母雙方對待孩子的方式會改變孩子，事實上，孩子也以各種方式改變父母的生活習慣，以及態度與價值觀。

想想看，你的孩子是否也默默地改變了你？

我是個很討厭吃海鮮的人，因為怕麻煩！要我主動自己剝蝦殼、挑魚刺等這類麻煩事，在我生小孩前幾乎不會做。但這幾年我所剝的蝦殼、挑的魚刺，大概已經超過了我人生過往的總和，只因為女兒是個不愛吃肉，卻極愛吃魚蝦的海鮮控。當她還小時，自然不會主動要求，但我觀察到每當她吃海鮮，總是胃口大開。於是不知不覺中，我們家料理海鮮的頻率也跟著變多了，冰箱的冷凍庫冰存海鮮的量也開始大過肉品。我實在敵不過她那小巧可愛的臉龐，因為吃到海鮮而心滿意足、油亮亮的嘴又粉嫩可愛的表情啊！看，這就是孩子對我們生活所造成的改變。當然，改變絕不會只有如此，這卻是很鮮明的例子。

你們家是否也如此？當孩子加入，家庭裡的成員們就會開始因為彼此而做出調整，不論是好是壞、是否有意識，每個人都在試圖「合作也磨合」著。**因為在家庭裡，每個成員都是同等重要，大家都享有共同的價值。**

這正是阿德勒心理學裡，認為一個家庭之中「人人平等」的概念。每當我進行親職講座時，許多父母對於家中「孩子與父母是平等的」概念，都感到不同程度的排斥，認為那是天方夜譚，甚至覺得那等於過度放大了孩子的權力。

「講什麼平等？我家就是我賺錢，孩子念書，哪裡有平等？不然也叫他去工作，換他養我啊！」如果現在的你心中出現這樣的OS，我一點也不感到意外。那是因為我們對於阿德勒式的平等，認識得還不夠的緣故。

我絕對同意，人因為有著年齡差異、性別差異、體能差異，就永遠不會有「能力上的平等」。孩子自然不可能做到大人能做的事，因為在身型與體能，以及人生經驗上，本身就不一樣。這是客觀的事實。同樣地，父母與孩子也永遠不會是「責任」上的平等。父母生養孩子，就得負起照顧孩子的責任，這也是自然。但這並不改變在家庭裡，每個人都應該獲得同樣的「尊嚴」與「獨立思考」的權利。**人與人所謂「價值」上的平等，意指不論父母或孩子，他們本身在做人的尊嚴和價值都是一樣的。**沒有誰高於誰，也沒有誰比誰低劣，家庭裡每個成員都一樣重要。

唯有先意識到親子之間是平等的，我們才有可能放下覺得自己「更有權利和權力」的態度，而不會用控制、操弄、威權、羞辱、攻擊來脅迫孩子改變。

在本質上真心願意與孩子合作，也才有可能真正相信，**孩子可以跟你合作。**

〃合作不是用來引誘順從的

有些父母，總覺得跟孩子合作很困難，他們會對我抱怨：「我也想跟孩子合作啊，但他們都講不聽！」

試問，你想像的「合作」是什麼樣子呢？

美國知名的教育學家阿爾菲・科恩（Alfie Kohn）曾這樣說道：「許多老師們總用『合作』一詞來企圖誘發出孩子們的順服。」而父母們呢？我們是否也在不知不覺中如此？

所謂合作，代表著在關係中平等地聆聽彼此，與願意了解對方的需求和想法；在互動與溝通的過程中，不委屈對方，也不違背自己找到共好的空間。於是合作式教養，不會是一趟無痛的旅程，**它代表你得放棄一些原本堅持的，接納一些原本你沒想過、甚至不喜歡的**，而孩子也是。過程絕對不是只有一方單純地退讓，而另一方持續不斷地堅持。因此，能真正使雙方願意合作的前提，是你要相信你與孩子之間是平等的。

成為能與孩子合作的父母，也代表你本身有足夠的彈性與適應力，有能力辨別哪些事情是放棄後其實無傷大雅，而哪些又是該踩著的堅持。知道自己的底線，就明白可以有多少彈性空間，才能游刃有餘。**從容的教養就是保有合作的空間**。倘若父母們保持足夠的彈性，他們所能提供給孩子的環境就越穩健，而願意真正合作的父母，也代表有能力客觀地反省自身的行為與堅持，不做僵化威權之人。

在養育孩子的過程，能夠因應孩子需求進而適度改變的父母，會願意坦然接納孩子對他們的影響，因為這等於允許孩子成為獨立的個體、擁有自己的判斷與價值觀，更表示他們願意尊重孩子的想法。

教養理論百百種，但最重要的是你跟孩子的感受、你跟孩子的想法。所以合作式教養，**是回到你跟孩子本身的關係，你看懂孩子的需求，彈性地調整自己，也引導孩子看懂你的需求。**親子之間，一直都在相互學習，這個循環是持續不斷的。

阿德勒曾提出，夫妻／伴侶間的親密關係像是雙人舞，雙方注視著彼此，與之舞動。我認為教養關係也是如此，別忘了，孩子每天都在長大，時時刻刻都在改變，身為大人的我們，也活在隨時變動的世界中。在與子女的流動人際關係裡，永遠都有很多磨合與不確定，因此，**在這個變動的關係裡，請依然努力保持不自亂陣腳的態度，展現嘗試合作的意願，體會有時你進我退、有時我進你退的舞蹈。**哪怕幾乎天天砍掉重練，也是一種在可接納的變動中求穩定的練習。於是，每天都在相處中體驗「Here and Now」（當下）的親子合作，就會是最恰當的教養旅程。

他們雖與你一起，但也不屬於你。
And though they are with you, yet they belong not to you.

你可以給他們你的愛，但請別給他們你的思想，
You may give them your love but not your thoughts,

因爲他們有屬於自己的思想。
For they have their own thoughts.

你或許爲他們的身體提供安憩之處，卻無法圈養他們的靈魂，
You may house their bodies but not their souls,

因爲他們的靈魂將安居於明日之屋，
For their souls dwell in the house of tomorrow,

那是你無法拜訪之境，哪怕是在你的夢境裡。
which you cannot visit, not even in your dreams.

你可以勉強自己變得與他們相似，但別追求他們變得像你，
You may strive to be like them, but seek not to make them like you.

因爲生命無回頭之路，亦不爲昨日停駐。
For life goes not backward nor tarries with yesterday.

（翻譯：李家雯）

教養小補充

你的孩子不是你的孩子

我們總認為孩子來自於我們。我們拉拔孩子長大，從出生3公斤一路到30公斤（甚至60公斤），卻經常忘了他們也是獨立個體，擁有屬於自己的自由意識，有自己的未來得去衝撞。縱使父母是生養他的人，也不能忘記每個人的生命都是獨一無二的。

黎巴嫩詩人卡里・紀伯倫（Khalil Gibran）一百年前寫的詩〈孩子〉這一小段，對所有父母來說，或許都是一種自我提醒。

孩子（部分節錄）　On Children

你的孩子不是你的孩子，
Your children are not your children.

他們是「生命」的子女，並渴望成爲自己。
They are the sons and daughters of Life’s longing for itself.

他們藉由你而生，但並不來自於你，
They come through you but not from you,

04 給不能相愛的你們：如果有一天你們離婚……

在這部分的最後篇幅，我想延伸一個番外篇：當父母離婚之後……

正如我在前文不斷強調的，父母之間的合作與互補，可以成就更完整的教養之路，讓孩子在長大的過程同時獲得多元的滋養。然而，當父母選擇分開，孩子的「爸媽」不再是「夫妻」，又該如何成為合作的父母？

根據內政部網站統計，臺灣在過去二十年間，結婚率從接近8‰降至不到

5‰，而離婚率，一直維持在2‰以上*，顯示臺灣每年結婚的人數越來越少，但離婚的人數卻依然不減。這表示孩子們面對父母分開（不論是離婚或分居），甚至是父母離婚後再組成家庭的「聯合家族」，已是越來越常見的情況了。

為什麼我們需要去理解這個議題？

家庭，是個格外敏感的系統，它是由多條「人對人」的關係線所組成的一個網絡。在家庭裡，多條線交錯穿插，存在著各式各樣的連結。網絡裡也往往牽一髮動全身，當夫妻之間的關係不再，選擇分道揚鑣、各過各的生活，他們的身分便不再是彼此的「配偶」。**但倘若他們之間有孩子，就永遠不可能改變他們依然是孩子的「父母」這個事實。**於是，原本「父、母、孩子」之間的三角形，就變成「父子」與「母子」兩條特有的獨立關係線（而且可能不是平行線，因為無論如何一定會有交集）。

＊出處：https://www.moi.gov.tw/cl.aspx?n=15372

如果這對夫妻的分離是冷靜、和平的，且能妥善地讓孩子理解父母無法再繼續一起生活的緣由，這個纖細的家庭網絡就有可能不被過度撕裂，能較完整地一分為二。然而，事實上在我們周遭所觀察到的，往往是當父母決定終止婚姻時，整個家庭就像經歷了大地震，各種程度不等的衝突、糾葛四起，攪亂了家中的每一個大人和小孩。

孩子自出生以後，在無意識下，父母便成為他們的天與地，當如同天地一般的父母關係失衡崩塌了，孩子自然會感到不安。父母之間就算不惡言相向，只是彼此不滿意，也會引發孩子的不舒服，讓他們不知該如何是好，更何況是那些生活在父母高度衝突氛圍中的孩子們。

每個孩子都像動畫《間諜家家酒》裡的小女孩安妮亞一樣，永遠都在用自己的方式觀察大人的世界，聆聽、推測大人的內心對白。**一旦父母之間出現矛盾衝突，又無法友善溝通，孩子便很容易陷入掙扎與不安。**面對父母關係拉扯中的孩子，一方面想認同父母中的一人，一方面心裡可能依然渴望另一個人的愛，不想感受到被抱怨的那一方有這麼糟。

「親職教養」，本來就不是一件能絕對清楚劃分的事。對大人來說，親職任務的分工，關係著自身的價值觀、角色認同、對彼此的期待、實際生活需求等各種面向。當分手本身已經造成大人的身心疲憊，就更容易在面對孩子的教養議題時，陷入更多個人情緒，導致關係裡更多的摩擦與衝突，也在不知不覺間，加深孩子成長的艱辛。

夾在三明治中間的孩子

我曾遇過一個不到十歲的孩子，在校人際關係不佳，時不時與同學起衝突，甚至多次攜帶尖銳危險物品到校威脅同學和老師。仔細探究下，我發現他是個極度缺乏安全感的孩子，父母分居多年也無法良好溝通，孩子就像夾心餅乾一樣成為爸媽跟對方要錢的傳聲筒。而且，每次從爸爸家回到媽媽身邊，媽媽便會質問孩子：「你爸跟那個賤女人又帶你去哪裡混了？」然後每次帶著滿江紅的考卷回到爸爸身旁時，又得經歷爸爸的酸言酸語，嘲笑：「成績這麼爛，就跟你媽一樣沒腦袋！」這樣的情景一而再再而三反覆出現，在在折磨著孩子的心。

或許你認為這只是個案，但事實上，類似的案例真的不是罕見的事。在衝突裡，孩子就是會受到波及。你還記得自己小時候，父母吵架的樣子嗎？你在小時候，聽過父母其中一方，對你抱怨另外一個人嗎？對你來說，你的感受如何？**不論父母用何種方式在處理他們之間的衝突，身為孩子，必定都得經歷那矛盾又混亂的複雜情緒。**

誠如婚姻與家庭治療博士江文賢先生在《合作父母與親子會面：一群本土社工的看見》書中的序文所撰：「家人永遠是一個情緒會相互感染的群體，即使夫妻離了婚，只要沒有放下這段婚姻關係的緊繃情緒，孩子往往就會下意識地吸收這些情緒，一旦孩子的情緒調節失靈，那他們出現各種症狀也是可預期的。」

夫妻離異，不論如何都是大人自己的決定，但對孩子來說，從來就不是他們選擇下的結果。**孩子永遠都是「被決定的那方」**。我曾不只一次聽過不同孩子說：「為什麼他們要結婚、生下我的時候不用問過我？現在要離婚，就要逼我選邊站？」孩子心中的拉扯，可想而知。

儘管離婚已成為現代社會稀鬆平常的現象，但離婚後依然要學習成為「合作與友善父母」的觀念，卻鮮少被倡導和關注。離婚的伴侶們，很多時候會因為對對方的不滿，導致兩人在親職教養上態度更難有共識，甚至是在分工時互不相讓。然而，**與孩子有關的一切行動與決定，都不應淪為大人情緒反應的出口，孩子該享有的親情互動，也不應成為大人牽制彼此的工具**。當離異的雙方能以較為友善與合作的方式互動時，共親職關係的品質也將提升，孩子的身心也能健康發展。

〃不論是否在婚姻裡，依然成為共親的「友善父母」

所謂**共親職**（co-parenting），指的是一對父母因為他們之間共同的孩子，而連結成為「教養夥伴關係」，而兩人在教養上所有遇到的議題、任何攸關孩子成長與照護上的決策與分工，都需要一起討論，找出共識。

而友善合作父母，則是指父母即使在兩人沒有婚姻關係下，也能以孩子的最佳成長利益為首要考量，展現出合作、友善的意願和態度，與另一方在親職教養任務上共同合作。友善合作父母在共親的過程中，能不以「維護自己」為出發點，也不以「攻擊對方」為目標，而是思考如何和對方互動、溝通，來最大化孩子的健康成長歷程。

我們也得清除一個迷思，友善父母當然不能無限上綱地要求對方表達無止盡的親切與友善，然而，這卻是一個願意把孩子的最佳福祉視為首要目標的態度展現。文化大學心理輔導碩士張慧嬅在其研究中寫道：「**共親職的合作關係**

不是有合作或沒有合作的兩個極端，它是一個光譜式的關係向度，離異父母親們可依據各自的能力以及關係發展適合彼此的合作模式。」於是，**這樣的合作沒有標準公式，唯一的指標是將孩子的利益最大化。記得：你們都是為了孩子好。**

當父母能夠在共同養育孩子的旅途中，以友善合作為前提與對方互動時，孩子在成長的過程，自然就較能繼續與父母連結，擁有雙方的愛與照顧。

強調友善共親的重要，並非要暗示經歷離婚的孩子就絕對會有惡性發展，因為與其讓孩子在一個充滿仇恨、不安穩的家庭中成長，不如讓他同時擁有來自兩個完整健康家庭的愛與呵護。於是，**父母在離異之後，依然能妥善照顧自己的情緒，不被過度牽動情緒，是能幫助自己維持友善態度的關鍵。**

〃從不能相愛的兩人，變成共同愛孩子的隊友

離婚，不會讓你從此不需要再與伴侶合作了，相反地，如果你們已經有孩子，往往代表你得更用力去學習和對方合作（對！你沒看錯！）。因為縱使離異，即使兩人之間無法再相愛了，依然無法抹滅彼此都還想愛孩子的渴望，也不能阻礙孩子依然有權利同時獲得父親、母親的愛，甚至雙方阿公阿嬤的愛。**讓父親跟母親的角色都住進孩子心中，同時擁有雙方的位置，是促成孩子人格完整的重要關鍵**。因此就算離婚，也不要競爭在孩子心中的位置。合作需要父母共同練習，把感情糾葛與親情分開，努力讓孩子擁有「雙親的愛」，如此更能培養孩子的自主性與主體性。

縱使分開了，成人的責任是讓孩子明白，他依然有愛父母的權利。不論你認不認同，但即使孩子與爸媽感情再好，他依然是夫妻關係裡的第三者，**不應該、也不能夠讓孩子來決定「爸媽之間誰對誰錯」**。成為離異後依然友善的父母，是讓孩子在往後的歲月，依然能以安然的心境與父母各自相處。就算無法

三人一起，也是兩段較好的關係。

我絕對不是倡導「天下無不是的父母」，世上確實有不少令人害怕的「不適任父母」。但除非是受到身心明確的暴力，或大人本身無能照護，所謂「對方是不適任父母」往往是主觀上的感受。別忘了就算父母沒有離異，也會遇到「教養觀念不一致」的時候，如果只是因教養風格不同，就讓孩子失去與父母其中一方互動的機會，這樣的代價未免太大。**允許孩子去感受對方的教養方式，也等於還給孩子自主和獨立性，讓孩子自己感受，而不是幫他決定。**

從「前伴侶」變成「孩子的父母」，會讓「合作」一詞的困難度躍上新高度。但是為了孩子，請你再試試讓彼此角色回歸到「父母」的位置，而不是怨偶。即使你們不再相愛了，也請別忘記，孩子依然有資格獲得完整的愛。一起愛孩子，絕對是你們都認同的共識。

當離婚的夫妻能成為合作父母，那將會是分離之際，與一切有形的贈與相比，給孩子最好的禮物。

- 相信代替質疑：教養本來就會有各種狀況，孩子可能在雙方之間有不同的樣貌，有時不見得是對方「汙染」了孩子。請記得你和對方都是孩子的父母，多數時候，沒有父母會「故意」把孩子養壞。
- 允許時間等待：雖然孩子的成長不等人，但面對關係撕裂，每個人都有自己的消化時程，也許你的前伴侶沒辦法立刻做到「盡釋前嫌」，但為了孩子好，只要你不放棄，永遠都有機會緩慢前行。

雖然共親父母的概念在國外已行之有年，在臺灣卻依然是不被重視的議題，相關出版書籍更是少得可憐。然而，全臺各地方法院依然不遺餘力地推廣這類教育，期待把孩子在父母分離之際所承受的拉扯及傷害減至最低。如果這是你需要理解的主題，建議你參考：

- 各地家事法庭、家防中心、兒福聯盟等社福團體，每個月都有定期辦理「友善父母」相關的親職教養課程，可以上網或致電詢問。
- 書籍參考：
  - 《合作父母與親子會面：一群本土社工的看見》2020，啟示
  - 《從心看離婚》2005，華成圖書
  - 《關係破繭：走過愛情、親情、人際的關卡，綻放生命的新綠》2019，悅知文化

教養小練習

如何幫助自己成為友善父母

在面對分離時，請試著把對方視為合作夥伴，而孩子就是你們共同的事業，你們彼此對孩子來說是同等重要的存在。要做到這點不容易，建議你可以試試：

- 對自己的狀態有足夠的認識：包括釐清並調整好自己的情緒、想法、價值觀。在婚姻中的怨恨與憤怒、受傷與委屈，的確需要被呵護，但請試著將自己的情緒與行為分開，為了孩子而暫時放在一旁。
- 改變溝通方式：不論是語言或非語言訊息，以請求而非要求、以尋求合作而非命令的方式與對方合作。沒有人喜歡被他人「控制」，減少直接式的命令，自然能減少對方的抗拒。
- 保持空間與距離：當溝通碰了壁，必然會感到挫折甚至憤怒，但一次失控就可能換來未來更麻煩的處理過程。當自己無法冷靜時，請先離開戰場，降低將來溝通品質惡化的風險。
- 成為「團隊」關係：你與前伴侶不再是緊密交集的兩人，此刻孩子是你們共同的「事業」。保持彈性並尊重對方的決定，提醒自己需要聚焦在「孩子」，而非自己的感受。

Part 2

與自己合作‥
辨識你的教養需求

05

我們都在教養裡，補償自己

你是如何幫孩子取名字的？找老師算命？請家族長輩命名？還是自己翻字典，找字義？想當初，我和先生為了幫第一個孩子取名字，費了好大的力氣，跑了幾處不同的算命老師，繞了一大圈，最後回到第一位師父的建議。如此費心，就是想為孩子取一個「令我們放心」的名字。但在國外生活多年的弟弟，聽到我們的做法，非常不以為然。我還記得他蹙著眉的表情，說：「怎麼會把為孩子取名這樣重要的事情，交給別人決定呢？」

其實，我倒不覺得那是將為孩子命名的權力交給別人。不過，這件事確實反映出我和弟弟在教養上不同的價值觀，以及不同文化在重視孩子的表現方式不同。在我們的文化裡，不管是找家族長輩為孩子取名字、自己翻字典查字義，或透過信仰來命名，父母們無非是為了求得一個「放心」。這意味著我們初為人父母之時，對於孩子的未來有著許多想像與期待，但又對自己的教養不夠有信心。想給孩子最好，又怕自己給不了最好，於是將取名字這件事寄託在更大的力量之上，以補償內在的擔憂。

我們為孩子命名時，也等同把自己的種種期待，安放在這個名字裡。孩子的名字，大多承載了父母與整個家族的價值觀與信念，希望孩子人生順遂、少災少難，或希望孩子豐衣足食、功成名就。我覺得為孩子命名，更像是父母想給孩子的第一份祝福，是希望他能平安長大的寶貴禮物。有時候，**孩子名字裡承載的這些期待，也反映出我們自己兒時的匱乏、需求甚至是渴望。**

〃「被」教養經驗：關於你過去的喜歡與不喜歡

還記得小時候父母對待你的方式嗎？請回憶一下，自己在兒時「被教養」的經驗裡，哪些是你喜歡、哪些又是你討厭的呢？

小學時期的我，母親是忙碌的職業婦女，每天在生活、工作與照顧子女之間勞碌奔波，但她對我在學校生活的關心，從不會減少分毫。每一次親師會、運動會，她也必定排除萬難出席。在我的眼裡，母親的事必躬親，與導師的友善連結，是我至今依然珍惜的回憶。

這段珍貴的回憶，激勵了現在的我不論工作多忙，只要遇到與孩子相關的活動，一定想方設法出席。我希望孩子在他們長大成人之後，也能深深地記得在兒時，母親努力參與他們成長的畫面，如同現在的我一樣。

我也還記得，青春期的我跟父親的關係變得很微妙，我渴望他認同的眼光，但又惱怒他的嚴厲與不苟言笑。父親對我很少有言語上的讚賞，只有「理所當然」的保持優等。追求學業上的精進，是他給我的不二選擇。沒有夠好，只有最好。於是到了國中，當他發現我的成績始終都是班上的後半段，直至今日，他那飽含失望的眼神，依然清晰地烙印在我的腦海。

雖然父親的嚴厲是督促我前進的力量，但與他在情感連結方面所保持的距離，卻是我一直不敢跨越的紅線。那樣的記憶，難免會令我自我提醒，往後有了自己的孩子，也不能少了與他們建立情感連結。

還有還有，身為家中排行老大的我，兒時常被父母說：「你是姊姊，所以要讓弟弟。」這讓我很不服氣，以致於我現在當了媽媽，遇到孩子之間的爭執時，再如何無奈，也絕不讓自己對兒子說出：「因為你是哥哥，所以要禮讓妹妹。」這樣的話。我不想要將我兒時的不服，也複製在兒子身上。

你是否也是如此？在成長的過程也曾對自己說：「我以後，絕對不會用我爸／我媽的方式來對待我的小孩！」

那樣的心境，正反映了我們在被教養的過程裡，會慢慢留下我們喜歡的（即是，我們的認同），屏除我們討厭的（即是，我們的反認同）。而阿德勒心理學認為，人的生命行動往往是基於這樣的「補償」心態（所以有正向補償，也會有負向補償）。不管生兒育女後，我們是否記得自己當年許下的願望，這樣的路徑也從未改變。

教養，就是補償生命的路徑

請試著想想這個問題：身為父母或師長，在養育、教導孩子的責任分工中，你往往扮演什麼角色？你心中認為孩子未來面臨「最大」的風險是什麼？（相信我，你的伴侶跟你所在乎的「最大風險」，很有可能極度不同）你所擔憂的風險，有沒有可能也是源於你成長過程中的「認同」與「反認同」？這是因為在長大成人的過程中，我們都承接了一部分原生家庭的價值觀，也在無意識下拋棄了我們堅持不想要的。

你在教養上的所有選擇，你的教養風格，都有它的意涵。你是否曾回溯自己的生命，去思考是什麼推動了這樣的念頭？為何這樣做能讓你安心，給你希望？你想帶孩子邁進的方向，是為了避免什麼？還是證明什麼？**就算同一個決定，背後也有不同的意義**。

我記得孩子五歲時，我帶他學圍棋的目的，是想訓練他「預先思考、未雨綢繆」的能力，因為我的邏輯思維向來沒有弟弟好，這讓我從小吃足了苦頭（特別是跟他吵架的時候）。但我先生希望孩子上圍棋，是期望孩子在對弈的過程中，學會「輸贏本是常態」的道理，進而能夠增長他的挫折耐受力，培養面對失敗的勇氣。同樣的行為，卻反映了我與先生截然不同的期待。

很多時候，**父母的教養態度也反映其人生態度**。如果你是為了孩子，而總感受到生活中充滿無盡忍耐與委屈的父母，或許也需要反思，這個忍耐是為了什麼？而你真正想滿足的是什麼？在乎人際關係、渴望被愛的父母，就會在子女的關係裡渴求「孩子的愛」；追求人生價值的父母，就可能把社會認同的「好父母」形象，設定成自己的準則規範。

教養本來就沒有標準答案，而父母們在教養路上尋找「補償」也沒有不好，**只是在教養之中的補償，很多時候是出於自己的需求，而非孩子本身的需要。**

還記得某日，我在外工作演講忙了一天，匆忙趕回家之後，在廚房裡忙得不可開交。眼看我要求自己必須準時六點開飯的期待是做不到了，但還是努力想著越早越好。大概在六點十五分時，原本在房裡寫作業的兒子晃進廚房，順口問了一句：「晚餐還沒好喔？」

表面上一句無傷大雅的話，卻讓我情緒直接炸開！我又怒又氣地對著孩子吼：「你沒注意到媽媽五點半才趕回家嗎？只會問晚餐好了沒，怎麼不來幫忙？」

兒子的問句，可能只是意外今天晚餐怎麼還沒好？也可能只是好奇媽媽今天發生什麼事了？但在我耳裡聽起來卻像是：「你這個媽媽今天也太失格，只顧著白天工作，竟然沒讓孩子準時吃飯。」他有口無心的一句話，在我耳裡卻是對我的嚴厲批評。我氣自己做得不夠好，也委屈自己的努力沒被看見，兒子，只是倒霉掃到颱風尾而已。

有句話說，「人在婚姻裡才能感受到自己的侷限」，教養又何嘗不是呢？唯一不同的是在教養裡，我們往往會因為對孩子無條件的愛，而克服自己的侷限，前提是：**得先看懂自己的侷限從何而來。**

當你明白人們在教養裡的 Priority（優先排序）大多是個人的議題後，就能明白為何面對孩子的行為，你和伴侶的反應會截然不同了。你的地雷，未必是伴侶的地雷。對方並非刻意要踩你的地雷，只是你比他更在乎這件事情，也可能是因為它撩動了你兒時的匱乏。

在教養裡，我們都想補償兒時的自己。

〃你的給予，也得是孩子真正需要的

也許，你在教養過程中也曾不禁感嘆，為何上一代不用我們想要的方式來養育我們？因為**不同的時空背景，本來就會造就父母在教養時設定不同的目標**。我們自己的父母，專注在提供物質上的溫飽和滿足，而我們在帶領下一代時，也會因為自己曾經的「未竟之事」，使我們採取與長輩截然不同的做法。

然而，不管時空背景如何，在教養路上，我們都總是想要給孩子「自己認為重要的」。但，你是否想過：

你對孩子的關愛，是出於他的需要？還是你個人的需要？

你對孩子的嘮叨，是出於客觀幫助？還是自己的主觀補償？

這是我們在合作教養法裡需要學會的重要一課。**如果你給予的，是依照自己的需求，那恐怕就剝奪了孩子在成長路上的主體性，也偏頗地替他篩選了。**

我讀研究所時，教授曾在課堂上這樣說：「我們每個人都曾跟自己講：『我以後為人父母，絕對不會用我爸媽對我的方式養育孩子。』然而，你爸媽對你的方式也許不適合你，但你又怎麼知道不會適合你的孩子？」

當然，問題沒有標準答案，但教授的一席話引發我開始思考，我想給孩子的方式，真的是最適合他的嗎？

我們以為，最好的教養是為了教出理想的孩子。但其實，當時間慢慢推進，你會發現，我們只是想要成為更完整的自己。

你對理想「父母」的想像是什麼？要避免過度追求美好的樣板，得回到你個人生命的探索，才有可能鬆動，因為所有的理想教養，都是為了成為自己。

然而，最適切的教養，不應該是為了自我成就，而是在摸索自己的需求與限制之後，找出適合自己與孩子的共好之路。

教養小練習

找出自己的認同與反認同

有機會的話，不妨和伴侶一起聊聊下列的問題：

- 小時候，在你的成長經驗裡，做哪些事情會被爸爸讚美？懲罰？哪些事會被媽媽讚美？懲罰？
- 父母對待你的方式，哪些是你非常喜歡、享受的？哪些又是極度討厭的？
- 請你和伴侶分享，這些來自過往的喜歡與討厭，與現在自己帶孩子的風格上，有哪些相呼應的地方呢？

這個覺察練習，將有助於你看懂自己在教養孩子時議題上的需求。同時，也能幫助你和伴侶相互理解彼此對孩子的期待有什麼異同。可以將你的答案，記錄在旁邊的筆記頁。

06 你的生命風格，影響了你的教養風格

我從小就是很喜歡到處串門子的小孩，家母總說我是「野馬（臺語）」，只要她一不注意，我就會偷偷溜出家裡，四處到鄰居家玩。小四的某天，我邀請一群同學來家裡。大家玩得很開心，而接近回家時間，同學們陸續離開，但我卻越來越不開心……因為他們沒有任何一人主動幫我收拾玩具，就全嚷著要走了。

當時的我很難過，很希望同學能夠幫忙收拾，卻怎麼也說不出口，就自己

生悶氣。其中一個同學，小鳳，發現我怪怪的，問我怎麼了？我低頭不語，什麼都不想說。其他人也感受到我的陰陽怪氣而尷尬不已，不一會兒就全跑光了。我發現同學真的沒人幫忙收玩具，大家就這樣鳥獸散，於是更懊惱了。

過了好幾週，我再次邀請同學來家裡玩。跟上次一樣，他們到了接近回家的時間，依然一點也沒表現出想幫忙收拾玩具的樣子。我想起前次經驗，憶起上次自己一個人收拾的情景，又想到他們這次可能依然不會主動幫忙……不愉快的表情再次浮現，同學們也因為感覺到我的怪里怪氣，再次全跑光。我難過極了，此時，隔著大門我聽到外面有動靜，其中一個同學問大家：「李家雯怎麼了？」

接著，便聽到小鳳說：「誰知道！不要管她，她上次也是這樣，莫名其妙！」

我傷心極了！「我才不是莫名其妙，是你們都沒有幫忙收拾玩具！」我在心裡這樣大吼。但是，我從沒有機會說出自己真正的感覺，因為在當時的年紀，我只知道自己「不舒服」，卻不明白真正的原因是什麼？現在回想起來，我是渴望同學看見我的需求，希望他們重視我，讓我感受到自己是被在乎的。但小小年紀的我，並沒有能力理解自己的內心。

事實上，長大成人的我們，可能也與兒時的狀態相差不遠。我們未必有機會真正明白內心深處的渴望，因為這得花一些力氣探索，才有機會看懂。

在這一篇，我希望能帶著你探索自己，進而看懂在教養裡，你真正想補償與追求的事物為何？

首先，我們來做一個小小的心理測驗吧。

想像現在突然有個意外的禮物從天而降，你得到了一筆錢和一段假期，有人要招待你和家人到國外旅遊。你可以依照自己想要的樣子規畫這趟旅行，但是需要三天內出發。請你依照自己此刻「最直覺」的想法，選擇你會採取以下哪種做法，來安排這個天外飛來的假期？

Ⓐ 依照大家喜歡與想要的來規畫，想辦法安排眾人最能滿意的行程。

Ⓑ 把規畫行程的工作交給信賴的旅行社，什麼都不用做，跟著導遊走就好了（當然，若能直接立刻放假，連行程都不用跑最好）。

Ⓒ 預設好自己所有想去的地方，到處搜集資料並整合機票、住宿等，仔細規畫行程、日期、細節，以及旅遊時可能會發生的風險管理。

Ⓓ 找最大CP值的旅遊套裝，力求理想的假期價值，期待這趟旅行能帶給自己豐富的、具有意義的知性收穫。

（先別急，答案會在第89頁告訴你）

你的深層渴望串起你的教養風格

阿德勒心理學相信，人的行為背後都是為了滿足潛意識裡，那些無法說出口的深層渴望和需求，而人們最共通的需求，就是為了追尋在群體裡的**歸屬感與重要性**。每個人追尋的方式不同，所以行事作風自然也各有不同，阿德勒說，那就是我們的**生命風格**。於是，有人為了追求他人的看重，會打扮時髦、亮麗、吸睛；有的人則是會透過「展現自我能力」的方式，在群體裡負起重任，指揮他人，來證明自己是有存在意義的。這無所謂對錯，只是我們的生命路徑不同而已。

阿德勒也認為，人的生命風格自小就已形成一個雛形，因為人們渴望遵循的終極方向，以及內在目標，自小已大致定奪，之後並不會改變太多，唯獨在人生路上會因為環境變化，而有些階段性的調整。也就是說，人們內在想滿足的渴望不會改變，會隨之調整的，是你中間所採取的策略而已。要說這是「人格特質」，或是用「生命藍圖」來描述都可以，但我認為用阿德勒的「**生命風**

格」，會更貼近原始精神。

你的生命風格（人格特質）如何，你的教養風格也會產生相呼應的樣貌（如果看自己不準，其實可以觀察你的另一半或孩子）。以色列的阿德勒心理學者妮拉・凱弗（Nira Kefir），在一九八一年首次提出了「主軸性格」（Priority Personality，又譯為「優勢人格」）的概念。她延伸了阿德勒的精神，主張人會依照自己主觀的方式，來追求「歸屬感、重要性、價值、掌控感」等不同的存在意義。而這種主觀追求的方式與態度，會使不同人在教養上呈現不同樣貌。

這裡要先說明，當我們試圖透過主軸性格的概念來理解人的行為模式時，並不是為了將人貼上標籤，以進行罐頭式的分類。畢竟人是多元且豐富的物種，任意地分類，也等於缺少了對個體差異的尊重。但有時候，透過不同特徵而做出概略的分類，可以是我們快速進入一個人內心世界的方式，那是我們理解他人的一扇窗，進而掌握與人的互動，幫助我們清除一些溝通上的障礙。

〃認識四種主軸性格

我相信所有的生命風格都沒有優劣之分，只在於與人互動時恰當與否而已。而人們在展現不同風格時，必然也會有相對應的代價與辛苦。為了避免大家在閱讀時過於主觀地評價每一種主軸性格，我將凱弗所提出的四種性格，依照各自展現的樣貌，以更中性的詞彙來說明：

- **人好我好型**：在意人際關係，渴望與人相處良好，討厭被拒絕，害怕被討厭。
- **安逸自在型**：追求人生無風無浪，安穩自在，不喜歡處在動盪、高壓力的環境。
- **規畫掌控型**：對自己與環境的邏輯次序有相對高度的需求，需要清楚規畫生活的節奏和秩序。
- **卓越完美型**：力求卓越，總想達到最好，期待生命有願景與意義，追求完美價值。

在這裡，請你對照第85頁的小測驗來查看結果。

- 選擇Ⓐ，即是「人好我好」型。
- 選擇Ⓑ，即是「安逸自在」型。
- 選擇Ⓒ，即是「規畫掌控」型。
- 選擇Ⓓ，即是「卓越完美」型。

這樣的簡易分類，是希望能讓你快速理解自己和孩子的風格，以發揮優勢、適應環境，進而找到適合的相處之道。

然而，人生是流動的，在人生和教養的路上，總會遇到各式情境，於是這四種樣貌與特質，都會隨著日常壓力的變動、情緒高低的起伏，在不同時期出現於每個人身上。因此，風格未必是一成不變的「絕對表現」，人在不同情境下，自然會有不同的行為。我們之所以將它稱為「主軸性格」，是因為阿德勒相信，人們內心所追求的渴望與目標從來不會改變。於是，**縱使這四種樣貌**

每個人都具備，但人的性格特質多半有一個主宰的軸心，而多數時候，人的行為、習慣會是穩定一致的。所以，你可能發現自己或孩子平常是某一個樣態，而當遇到壓力情境時，便會展現出另一種樣貌。

我想再次強調，了解自己的主軸性格不是為了標籤化任何人，而是它可以幫助我們在與人互動時，更快速知道彼此的內在渴望，避免各說各話的衝突場面。**透過瞭解自己的主軸性格，以及孩子（和伴侶）的主軸性格，我們可以更容易找到在不同情境下的人際合作模式。**

人是活在社會脈絡裡的物種，有人的地方就會有江湖，有江湖就有恩怨。在與你共同養育孩子的村落裡，一定會遇到形形色色的人（另一半、公婆、父母、孩子的老師……等）。我也相信，人與人的互動就是「生命風格」的碰撞，至於這些碰撞究竟會成為美麗的「煙花」還是可怕的「煙硝」，就取決於我們對自己和他人性格的掌握程度。

於是，**教養之道就是人際相處之道**。如果想在教養之路上少些掙扎痛苦，就請將教養視為合作，與這條路上所遇到的每一個人都友善溝通，並產生合作關係。當我們有機會看懂一個人心裡最基本的「內在渴望」，就等同獲得了通往對方心裡的指南，可以避免踩到地雷，也不會繞了遠路，為自己和孩子節省一些心力與精神。

你是屬於哪種主軸性格？你的伴侶和孩子又是哪種主軸性格？我們將在下一篇針對每種性格特色做出說明，協助你更了解自己和他人的特質。

快速索引

07

認識自己的風格：主軸性格大解析

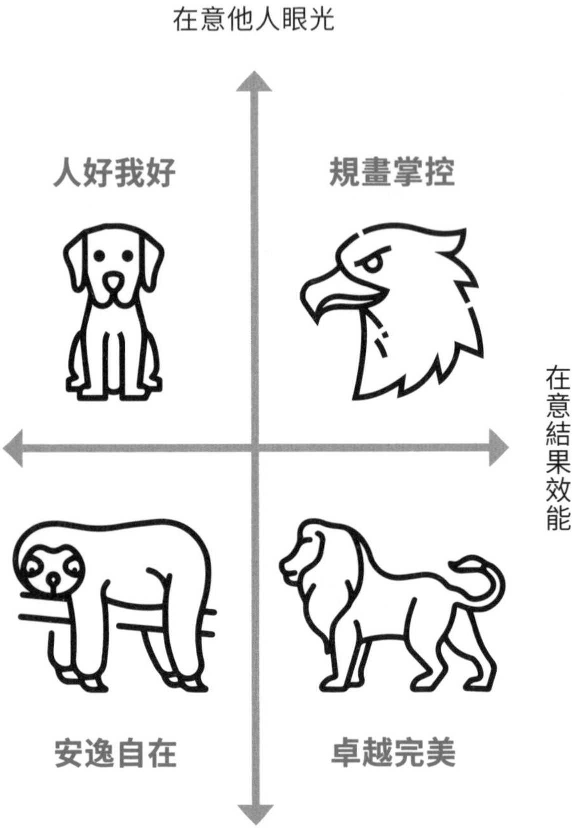

（圖片來源：Flaticon.com）

「人好我好」型

小玉是一位很溫柔的女性，一直以來在人際相處上很善於察言觀色，不只觀察旁人的需求，更體恤周遭的朋友，職場上往往也能恰如其分地回應大家，是眾人公認的「好好小姐」。而當小玉進入家庭成為妻子、母親後，她越來越容易感到疲憊，夾在夫妻、親子、婆媳等各種關係之間，讓她感到十分焦慮，發現自己越來越難以滿足每個人，也越來越不容易找到自己的平衡點。

「人好我好」型的特質

顧名思義，與「人好我好」的人相處時，你會感受到他們對人的友善與親切，在他們身邊，總覺得十分溫暖自在。他們容易相處，且願意照顧人。就像忠心又討人喜歡的小狗，他們大多善良可靠，人緣很好，樂於助人；但也容易疲於奔命，總是在回應他人的需求，而忽略了自己。

▨特質1：重視他人的感受，害怕拒絕

對「人好我好」性格的人來說，與人自在愉快地相處，是最重要的事。所以他們會在意自己是否給他人帶來壓力，也希望在人們心中留下好的印象。同樣地，在面對意見不同或可能的衝突情境時，他們往往也不輕易表達心中真實的想法及需求。縱使覺得不舒服，他們也會選擇隱忍。

▨特質2：考慮周全，對他人敏感

與人互動時，善於察言觀色是「人好我好」的特質。他們往往會被形容為體貼、心思細膩。因為能體會他人的感覺，也常被形容是富有同理心的夥伴。這樣的特質，使他們總習慣為人多著想一些，也會盡全力幫助身邊的人。他們

通常擅長傾聽，因為這樣才能知道他人需要的是什麼。

▨ 特質3：樂於助人，更會配合別人

對「人好我好」性格的人來說，最重要的，莫過於讓身旁的夥伴感到自在愉快。只要在他人臉上看見笑容，自己也會跟著愉快起來。所以一旦有人需要，他們總是樂於配合。他們善良、熱心，不喜歡給人壓力，甚至想為人分擔壓力。他們也享受照顧別人，因為那會讓他們感受到自己的重要性。

〃壓力與困境下的表現

在面對壓力與困境時，「人好我好」型的人最常出現的是「焦慮」的情緒，特別是在人際衝突的情境下。因為在意他人的感受，而不會主動說出自己內在的渴望，容易忽略、壓抑自己的真實需求。他們非常害怕如果自己表現出不舒服或挫折，會換來對方的討厭和拒絕。

在意「人和」的他們，很容易將不屬於自己的責任背在身上，認為自己有義務為他人的情緒負責。也害怕別人露出不悅的表情，擔心是自己造成別人不高興。由於不善於拒絕，常常會把那些根本不需要負責的事也一併扛下，因此容易落入兩面不是人、吃力不討好的疲憊感。覺得「委屈」，也是常有的感受。

他們在壓力情境下，依然會記得要尊重他人，卻常忘了尊重自己，也缺乏自信。然後，在過度的壓力下，他們可能會抱怨別人對他們的要求太多，不夠尊重，卻忽略了這很有可能是自己不為自己發聲所導致的結果。

〃內在深層渴望與需求

其實，對「人好我好」型的人來說，他們真實的渴望，是想透過被他人認同與喜愛，來獲得自己的價值與歸屬感。因為相信自己只有藉由讓別人快樂才能獲得接納，他們也容易將自我價值和自信建立在他人的肯定之上。在這樣的狀況下，代價往往是發現自己總是為他人疲於奔命。縱使最終能贏得人心，卻也必須面對自己一再失去底線，被他人侵犯的窘境，最後覺得自己很委屈，陷入「父子騎驢」的為難。

與「人好我好」型溝通的方式

怎麼鼓勵他們

● **微笑與傾聽**：對情緒與挫敗敏感的他們，很容易透過別人的表情來判斷自己是否被接納。建議在溝通時，可以多注意對他們使用的表情與用詞，是否夠婉轉？語調是否太嚴厲？表情是否夠放鬆？很在乎他人感受的他們，會透過非語言訊息來猜測你的想法。因此，多給微笑回應，以及專注傾聽的態度，是鼓勵他們表達自己的關鍵。

● **讓他們先說**：「人好我好」型，很容易依照他人的喜好來表達自己，所以在溝通時，鼓勵他們優先說出自己的需求與想法，就可以減少他們被其他人的言論影響，而不敢說出自己真實的心聲。

● **聽懂他們的委婉**：為自己發聲、設立界線，往往對他們有一定的難度，於是在拒絕別人的時候，總是很習慣用支支吾吾的語氣，或用「曖昧」的語言來說話，例如，「那天的行程我可能不太確定……」「我自己是沒問題，但我不太清楚別人的想法……」「我好像有點困難……」當你觀察到他們有這類的反應時，可以正向地鼓勵他們直接說出來，並對此表達感謝，能夠幫助他們日後在進行溝通時更有自信。

▨ 提醒他們改善的時候

● **和他們分享經驗，鼓勵學習**：「人好我好」型非常擅長「傾聽」，絕不會聽不懂別人給的建議。事實上，他們反而容易落入過度解讀，把別人的建言都當成是對自己的批評。因此互動時，你可以透過分享實際經驗，鼓勵他們藉由模仿、學習來調整自己（例如，你可以說：「關於這個問題，我自己是這樣做的，你要不要試試看？說不定也適合你喔！」）。讓他們對事情能更客觀看待，減少因過度自責而產生的情緒內耗，也避免模糊焦點。

- **提出「協助」而不是改善**：善於照顧人的他們，對於別人提出的需求，一定會盡全力去做。因此，你不妨以提出「是我們需要幫忙」的姿態作為溝通的切入點，就能在不傷害他們感受的前提下，令他們樂於嘗試新作為。

如何對他們說不

- **溫和而堅定的委婉**：害怕被拒絕的「人好我好」型聽到「不」，恐怕會有挫敗感。因此在對他們說不的時候，請記得照顧他們的感受，把自己的立場以溫和的態度表明，避免評價性用詞，讓自己的非語言訊息能呈現一致性接納的態度，同時，這也是在為他們示範設立界線的方式。

- **把人與事分開**：要避免他們過度解讀他人的「不」，就得協助他們練習把「人」和「事情」分開，同時提供替代方案，例如，「我也很想去，但那天已經有別的安排了。或者我可以換別的日子？或我找人陪你一起去？」這樣的方式，能讓他們知道你只是在拒絕「事情」，而不是他這個人。

〃教養風格：「孩子，我要你快樂就好！」

可以想像，「人好我好」型的父母們，非常友善親切、也很好相處。他們很善於照顧孩子與家人的心情，也會把生活一切所需預先設想周全，對孩子無微不至地呵護。他們在乎孩子的感受，對孩子的任何細小表情變化都非常敏感。和這類型的父母相處，孩子往往會覺得爸媽「很好說話」，也認為爸媽會傾盡全力去配合自己一切的需要和請求。

同樣地，他們渴望和孩子做朋友，也不善於拒絕孩子，更害怕面對溝通上的衝突。在教養上，就容易無意識地落入追求「孩子，我要你開心就好」的討好狀態。他們會擔心孩子不喜歡自己、是不是在生自己的氣，因此，在設立親子間該有的界線和規範時，會感到相當棘手，而希望孩子要「自己能懂事明白」。這類型的父母會想逃避對孩子說「不」的情境，於是在孩子提出不合理要求時，可能會用很迂迴的方式來規範孩子，例如：

- **陷入條件交換**：「只要你把桌子整理好了，我就讓你玩手機。」要是最後孩子沒有如願，就不是父母的問題，不能責怪父母「鐵石心腸」，只能怪孩子自己沒做好。
- **無法自己決定**：「我沒有反對你出去玩，你先去問爸爸／媽媽好了，看看他怎麼說？」把決定權丟給另一半，降低可能被孩子討厭的心理負擔。

● **顧左右而言他，曖昧溝通**：因為太想讓所有人都開心，而不敢說出自己真實的想法，於是會對孩子說出：「我很想答應你，但我擔心你爸／媽會罵我。」這種擔心自己被咎責，而不敢直接拒絕的回應。

當「人好我好」型的父母對親子關係感到焦慮時，往往會有的抱怨是委屈和受傷：「為什麼我做得這麼辛苦，孩子還是不滿意，對我要求這麼多？孩子怎麼不明白我的委屈！」

其實，「人好我好」型的父母在教養上是相對沒有自信的，不容易相信自己，也懷疑自己沒有能力教好孩子。太習慣察言觀色的結果，也容易讓這類型的父母們過度解讀孩子的情緒反應。有時，孩子可能是身體或其他客觀因素的疲憊與不適，但這類型的父母卻很容易將孩子的不舒服，當作是自己的責任，便落入了快速為孩子解決問題的行為反應，而忽略應該讓孩子有機會練習自我承擔。

另外，我想給這類型父母的建議是：孩子一時的開心，未必代表永恆的開心。在教養路上，我們得去思考什麼才是對孩子有「長遠性的幫助」。就算現在有時得面對他失望或難受的眼神，並不代表你就是不好的爸媽。相反地，能承受孩子丟出來一定程度的負面情緒，代表你是一個正在示範良好界線的父母。孩子此刻的難受，也只是對於這件事難受，而非討厭你。當你的原則與界線清楚，孩子才更能感受到來自你的穩定教養。

請記得，教養不該是討好的旅程。

☑ 化解親子衝突的建議：別一味地討好，要適度說出自己的感受和需要。

〃給「人好我好」的建議：你不可能讓每個人都開心！

如果你是「人好我好」型的人，「高度的人際連結、被人認同」是你內心最真實的渴望。但人生在世，不可能永遠讓每個人都開心，特別是在教養這件事上。教導孩子，是一條漫長的路，當你落入以「討好」的方式來解決人際困境時，恐怕只會讓人得寸進尺、更加測試你的底線。你要相信，要真正地解決事情，有時必須承擔一點他人的不愉快。看見他人臉上蹙眉，不代表你就是「不被愛」的。對你來說，練習承擔他人適度的情緒，甚至不害怕被討厭，是你的課題。

「安逸自在」型

身為電腦工程師的阿文，有著溫和穩重的性格，面對事情總能不疾不徐，緩緩地因應。家人朋友和他在一起時，永遠不會感覺到壓力，有人甚至開玩笑形容他簡直人畜無害。然而這樣的性格對阿文太太，卻總有些困擾。她抱怨阿文對生活和孩子的事情不夠積極，容易把一切都想得太樂天，無法預先料到可能的危機。而當真的有很急迫的事情發生時，又總是優柔寡斷，猶豫不決。阿文自己也很苦惱，不明白為何無論怎麼做，太太都不滿意。

「安逸自在」型的特質

溫和可靠，簡直人畜無害，是「安逸自在」型的特色。因為他們追求的是舒適的心理空間，往往會給人如沐春風、溫暖的印象。就像平和的樹懶，有著樂天性格，總是慢條斯理。這類型的人萬事以和為貴，喜歡避開壓力，在生活中隨處都得以安適。不衝動行事，是「安逸自在」型重要的習慣，於是當真正有壓力發生時，他們就很容易處在確保自己是安全的小角落裡，而疏忽要出來照顧大局。

▨ 特質1：隨和圓融，靜靜的不打擾人

因為不喜歡壓力，所以他們也不喜歡給人壓力。他們對別人的要求很少，也會避免自己陷入與人紛爭的狀態，更不喜歡多管閒事，不會介入他人的事情。因此讓人覺得，光是待在他們身旁就很輕鬆，不會有額外的壓力，並認為他們是隨和友善的夥伴。

▨ 特質2：安穩行事，不疾不徐

在生活中，他們也傾向維持固定作息，不喜歡突然改變。有時候，人們會

覺得「安逸自在」型就像是冷靜沉著的思想家。當他們遇到問題時，不會貿然行動，因為他們需要很大的空間以及很久的時間，來消化眼前的改變。於是，對於首次接觸的事情，也往往需要花上比其他人更多的時間判斷，才可能採取行動。

特質3：對壓力敏感，想要被照顧

多數「安逸自在」型不喜歡做重大決策，因為對他們來說，這意味著要承擔改變的風險與責任，有違他們渴望平和的處事原則。當面對重大事件時，也傾向要有旁人和團隊為他們做出決定，甚至會希望有人照顧他們，提供安全感。

〞壓力與困境下的表現

在面對壓力與困境時，你可能最常聽到他們抱怨：「覺得『好煩』。」有種被阿雜事務纏身的討厭感。甚至從旁人看來，事情都已經迫在眉睫了，他們還一臉「有這麼嚴重嗎？」的表情。總習慣以阻力最小的方式，採取最安全的步伐，來因應一切，所以當面對壓力時，他們會需要很久的思考時間來預備自己、評估自己是否有能力面對。對他們來說，得先把自己的舒適感受照顧好了，才會有餘裕顧及他人。對於需要耗費精力的事情，也總是呈現興趣缺缺、不想投入的樣子，因此，旁人很常會抱怨他們看起來像是不願負責、逃避、懶散、不想努力等。

其實，他們只是想用自己的步調面對壓力和風險。在壓力情境下（請記得，是他們主觀上的壓力程度，而非旁人的），他們往往傾向依賴群體的保護傘，來給予自己安全自在的空間，以協助他們遮擋這些難以承受的煩躁與不適。而所付出的代價，自然就是被貼上「懶散、愛逃避」的標籤，總被認為生產力和貢獻低落。

〃內在深層渴望與需求

對「安逸自在」型的人來說，舒適感是他們極度重視的。或許表面給人的印象是不太積極，做事容易逃避，其實是他們在無法掌握全貌的前提下，不會輕易出手，因為無法確定自己需要付出多少代價。他們需要的是勇氣，去相信自己有能力可以面對眼前的壓力。一旦感受到安全，且意識到不用付出太多努力，就會願意自發性地去承擔責任，以及嘗試新鮮事物。

〃與「安逸自在」型溝通的方式

▨ 怎麼鼓勵他們

- 預告與陪伴：「安逸自在」型不習慣生活中有太多驚喜，那就別讓他們有太多不在預期內的突發事件，並提前預告，給他們足夠的時間準備，都有助於他們依照自己的步調調控如何因應壓力。

● **關注小小改變**：改變得從小部分開始，而微小改變被注意到了，才會強化「安逸自在」型的動機。知道自己的努力有被看見，能夠引發他們內在對「投入」的動機，而不是一味地要旁人提供他們動力。

● **以感激作為鼓勵**：改變對他們來說是麻煩事，那就要讓他們知道「學習變得彈性」是值得且重要的。在他們做出一點改變時，可以多多表達感謝，讓被感謝的喜悅，大過壓力的重量。對這類型的人而言，那就是恰當的鼓勵，也是改變的動力。

▨ 提醒他們改善的時候

● **順便的改變**：改變如果需要花上太多力氣，可能就會先嚇跑他們。於是你可以把需要改變的事項或任務切成小塊，一步一步來，讓他們覺得改變只是一個細微的、順便發生的事，並不用耗費太多力氣，就能增加他們的意願。

● **陪伴沙盤推演**：許多時候，不是他們沒有彈性，而是不確定自己是否有能力掌握每一個步驟。當你陪伴他們按部就班地掌握改變的進度，也展現能夠一起承擔風險的意願時，自會降低他們心中的阻力。

● **預告不改善的更大後果**：他們傾向找到讓自己游刃有餘的策略來面對生活，因此，一旦知道如果現在不改善，將可能承擔更大的後果、耗費更多力氣來善後時，他們多數會寧可現在辛苦一點，也不要往後更費力。

▨ 如何對他們說不

● **點出風險**：怕麻煩、討厭壓力、擔心自己沒有能力承擔，是這類型的特質。要拒絕他們時，只要清楚告知做了這個決定的麻煩後果，他們往往就會知難而退了。

〃教養風格：「我家很民主，我都讓他自己決定！」

期待人生舒適放鬆的父母，是最不容易給孩子過度壓力的父母。他們的輕鬆、好相處、喜愛安定、不愛改變，以及情緒穩定等特質，往往可以提供孩子一致且規律的成長環境（試問，誰不喜歡跟可愛無害的樹懶生活呢？）。然而，孩子的成長過程總伴隨著各式需求和壓力情境，於是對「安逸自在」型的父母來說，他們可能會在感到壓力過於沉重、無法負荷時，忍不住抱怨：「原來生養小孩這麼麻煩！」（不誇張，我真的聽過父母親這樣跟我說）甚至，他們會覺得都是別人要求太多，在他們眼裡看來，問題根本沒有這麼嚴重。

有時候，他們也因為想避開帶孩子的那些生活瑣事和壓力，而不知不覺成為「外包」型父母，將教養中自己該承擔的責任交給其他人，盡量避開麻煩事，只享受和孩子玩樂、當朋友的部分。這一點，有時會讓另一半或孩子的老師感覺像是拉不動的牛車，緩慢難行，也會覺得他們不負責任，而深感孤立無援。其實這是天大的誤會，他們只是享受輕鬆自在的步調，也信任夥伴勝過於相信自己。

若你是「安逸自在」型的父母，在教養上需要的是多一點相信自己的勇氣。太習慣以被動的方式等待風暴結束，往往會造成後續更棘手的困境，因為教養本來就是充滿各式麻煩的歷程。這也可能是在教養上，你經常感到疲憊的原因。

☑ **化解親子衝突的建議：別急著躲起來，緩緩移動絕對勝過一動也不動，所有困境總有解決的時候。**

〃給「安逸自在」的建議：不用怕！一步一步來

如果你是這類型的人，請記得：眼前的問題，只要一步一步來，就沒有過不去的難題。其實你渴望的不只是安好，而是在生活裡擁有面對挑戰的勇氣。一直以來，你的歲月靜好、生活安穩，很有可能是因為總有人為你負重前行。確實，他人的陪伴對你而言是非常重要的支持力量。而面對困境，你也要記得，老天爺絕不會給出超過個人能負荷的重量，因此，你需要多相信自己一點。儘管自己的問題，只有自己能解決，但身邊一定有人會陪伴與支持你，所以不要害怕動起來。

如果只是靜靜等待風暴過去，確實有時問題就不見了，但一時的容易未必會換來長遠的輕鬆。生活本來就是由許多小冒險串起來的旅程，而你不一定總需要花費過多的努力來面對這些冒險，有時候只是我們把問題想得太複雜了。面對生活的挑戰，你可以從「順便」的改變開始。比如說，要陪小孩複習整篇課文很麻煩，但是你可以在帶小孩出門的路上，「順便」問問孩子一兩個簡單的單字或生詞。練習靠自己承擔適度的小壓力，甚至接納不確定，會是你的課題。建議你把問題切成小塊，一點一滴地消化，最終還是可以完成大任務的。

「規畫掌控」型

生活有規律，做事掌握原則，是阿原一貫的作風。在養育兒女的路上，他總是以縝密的心思，事先做出規畫，以宏觀的角度，有條不紊地安排孩子的生活起居。但隨著孩子長大，越來越有自己的主見，他卻開始感到無力。他想提供孩子最有效率的生活方式，但孩子總喜歡破壞他建立的規則，這讓他容易陷入情緒失控的狀態，家人也會抱怨他就像是個控制狂。但阿原想，沒有規矩不成方圓，難道希望孩子有分寸地長大、在效率的人生輸送帶上按部就班前行，錯了嗎？

「規畫掌控」型的特質

「規畫掌控」型既在意他人的評價與感受，又堅持把事情做好，於是，「需要別人覺得他們做的都是對的」這件事，始終是他們的重心。大多數時候，他們就像習慣俯視全場的老鷹，不只得盯個仔細，也善於展現能力。這類型的人做事有計畫、有架構，往往也不會令人失望，能獲得他人信賴。唯獨過度強調自己的邏輯順序、堅持自己的作為才是正確的性格，容易使人覺得他們很固執，難以溝通。

▨ 特質1：宏觀有邏輯，又有細微觀察的能力

這類型的人組織能力強，做事有計畫，習慣以宏觀的角度分析事物後，再清楚地將脈絡以條理分明的方式整理出來。他們歸納能力強，對於周遭發生的事情，都會想搞清楚前因後果，因此對事物的細節，往往有著追根究底的精神。

▨ 特質2：享受發揮能力，也需要被肯定

沒有什麼比發揮自己的特長更令他們感到享受的了，因此，總能在可以

發揮自我的環境中如魚得水。只要任務清楚，他們會是可靠且堅持原則的規畫者，且樂於對他人的問題提供建議。對「規畫掌控」型來說，只要有人願意聽他們指示，就是一種肯定。

特質3：有擔當，願意跳出來負責

擅長整合資訊、建立資源連結的他們，能在混亂中建立秩序，也非常樂意擔任領導、指揮的角色。他們以自己的邏輯來掌管一切，也往往很有效率。做事有條理、行事果斷、能盡力避免出錯，是他們的優勢特質。

壓力與困境下的表現

生氣，甚至暴怒，可能是「規畫掌控」型在面對壓力與困境時常見的樣子。因為習慣有條理地安排大小事，一旦遇到脫序脫軌，或別人不聽從他們的安排時，就會失去彈性與理性，常常給人像是嚴厲的老鷹一樣，咄咄逼人的感覺。也因為他們總是倚賴自己的規畫來因應生活中的大小事件，因此在有壓力的情境下，就更會要求別人按照他們所計畫的去做，不太允許他人有自己的想法，期待大家都按照他的框架行事。

在面對衝突時，他們害怕被人看見自己的失誤，不喜歡接受批評。就算是客觀性的提醒，也會讓他們覺得對方在挑戰自己的自尊（權威），因此容易落入過度防衛、與人爭辯、權力拉扯的情況。他們喜歡看見自己對他人是有影響力的，一旦有人挑戰他們的步驟與邏輯，便會感到十分不安，覺得自己被挑戰了，進而引發更激烈的情緒反應。

〃內在深層渴望與需求

其實，對「規畫掌控」型來說，生活中能維持秩序感，避免失控，是他們獲得安全感和力量感的重要來源。他們需要環境給予機會，來展現自己的能力和權力；知道自己有能力可以發號施令，對他們來說很重要。他們害怕的，其實是在失控的情況下，會失去維持秩序的能力。當他們感受到自己的力量不見時，就會陷入惶恐不安。

與「規畫掌控」型溝通的方式

▨ 怎麼鼓勵他們

● 讓他們表現：對這類型的人來說，只要有機會表現，就會令他們感受到自己的價值，而願意投入更多。因此，適時地創造表現機會，給予任務執行，他們往往就會樂此不疲，欣然接受。

● 讓他們「教導你」：沒有什麼比「指導他人」更能令他們獲得自我肯定感了。因此，適度地給予他們提供建議、指導他人的機會，對他們來說就是絕佳的舞臺。

- **感謝他們的能力**：對這類人來說，自己的意見被採納，是很重要的鼓舞。必要時感謝他們的細心以及貢獻，能使他們知道自己是有價值的。

▨ 提醒他們改善的時候

- **讓他們看見大局，展現邏輯與次序**：避免繁瑣、沒有邏輯的論述，以宏觀性的角度告訴他們真正的大方向與目標，可以協助他們不要落入自己過於單一的角度。
- **提供建議，給予選擇**：很少人喜歡被「指正」，尤其是「規畫掌控」型。要讓他們修訂自己的計畫，除非你的計畫更勝一籌；然而，要說服他們你的想法比較好，恐怕也是一件很困難的事。因此，可以試著用平等合作的姿態提出建議，並且給予幾個不同選項，這往往會讓他們樂意採納你的意見。但請不要給他們步驟，因為這類型的人喜歡用自己的方式想出執行辦法。

● **給他們時間消化**：「規畫掌控」型不是那麼冥頑不靈，但前提是請允許他們有足夠時間消化。別忘了，他們是注重邏輯思維的一群人，只要腦袋的邏輯想通了，改變計畫就是可能的。

▨ 如何對他們說不

● **分享權力**：這類型的人需要展現自己的能力，因此，給予他們這樣的空間很重要。不妨試著以邀請的方式，分享彼此的想法。不是毫無商量餘地說出「不」，而是在各持意見的同時，依然有兩方共好的空間。你可以試著說：「你的想法很重要，但我能不能也說說我的看法呢？」抱持共好的態度，就能避免和「規畫掌控」型權力拉扯。

〃教養風格：「孩子，你只要乖乖聽我安排就好！」

高控制及喜歡介入，是這類型父母常給人的感覺。對伴侶、孩子，以及他們的一切，包括工作和學業，都希望自己是高度參與的。在這類父母身邊的好處是，只要跟著他們的指揮、順著他們的計畫，不太需要自己張羅一切。於是，他們往往會被認為是威權型的教養風格，在必須對孩子說「不」的情境，也可能會過度使用「獎懲」制度來管教。

然而，隨著孩子成長，其自主性與獨立性也慢慢發展，「規畫掌控」型的父母往往會忽略應適度允許孩子成為自己的樣貌，而非一味按照父母的規範走。於是，當他們在親子關係遇到衝突時，經常會反應「孩子不尊重父母、不聽話、懶惰、不服管教、壞脾氣……」等，認為自己是絕對真理，也用「非黑即白」的態度來看待孩子，例如，「他現在不補習，將來人生就毀了。」這些其實都反映了他們嗅到孩子開始不受控制的不安，忘記孩子在慢慢長出自主性的同時，表現得與父母期待不同，是再正常不過的事。

其實，「規畫掌控」型的父母在教養上，需要的是多一點相信他人的信心。建議可以學著多傾聽，而非總是單一地給予命令，並允許孩子用自己的方式面對人生與抉擇。教養之路上，做對事情很重要，但適度放手，代表能讓孩子學習自律而非他律。只給命令與支配的教養風格，容易失去與孩子情感關係的連結。就算你的堅持有道理，卻失去孩子的心，那就太可惜了。

教養，是帶人也帶心的旅程。不用圓規和方尺（規矩）把孩子帶大，也能成為盡責的父母。

☑ **化解親子衝突的建議：別急著說教、反擊或攻擊，也試著聽聽孩子怎麼說。**

〞給「規畫掌控」的建議：有效果比有道理更重要

對你來說，「聽話」很重要。只是，你的想法固然值得重視，但他人的想法也未必對你沒有幫助。在生活中，適度允許自己聽見其他人的聲音，練習用別人的順序、邏輯來行動，可以使你變得彈性，也可能更有力量。接納不一樣的觀點，就能避免自己陷入權力拉扯。因此，試著與他人分享權力，允許別人有自己的選擇，是很重要的練習。在第1篇所提到的「有產值的分歧」小練習，就可以是個開始。請記得，就算你掌握了道理、控管了規則，一旦失去人心，那就一點意義也沒有了。

「卓越完美」型

認真投入、對自我高度要求，是小貝給人的印象。身為母親的她不僅這樣要求自己，也總是要求孩子不能讓人失望。不論在任何角色上，她都非常努力地追求完美，旁人總會開玩笑地說小貝很擅長「逼死自己」，但她卻不以為意，認為自己只是在做本分內應該做的事情而已。只是她很少意識到，她為自己設定的標準其實不可思議地高，所以總會反覆陷入自我責備的情緒，常覺得自己就是不夠好、不夠有價值。

「卓越完美」型的特質

理想（完美）主義者、博學多聞，往往是他們被形容的方式。也因此，面對生活的大小事，他們都要求自己全心全力投入，認真負責、努力不懈。就像萬獸之王的獅子一樣，一旦目標確立，就不會任意更動。行事主動負責，且很清楚自己的原則，總依循目標、方向投入生活，但往往也因為標準過高，而自我折磨。

▨ 特質1：嚴以律己、嚴以待人

這類型的人對自己要求很高，也以同樣的標準來對待周遭旁人，因為如果沒有「要求」的人生，哪來的進步？他們人生的準則、處事作風，是希望自己在每個面向都「用盡全力」，努力達到標準，於是大多也好惡分明，追求人生的各種挑戰，也嚮往成功，討厭失敗。

▨ 特質2：相信專業，清楚講道理

他們相信專業，也願意被專業說服，於是在自我表達時也常會引經據典。這類型的人能言善道，待人處事不只要求自己言之有物，也不允許自己說話經不起考證。講求邏輯，是他們的原則。因此，樂於學習、求知慾旺盛，隨時增加自己的「知識庫」，也是他們常有的表現。

特質3：以願景為目標，一旦投入就停不了

不只擅長思考，他們也善於行動，渴望生活豐富有所挑戰。因為對未來有很清楚的規畫與目標，往往別人還沒說出口，他們就會主動挽起袖口，跳進去執行。對於自己渴望的目標，有著很強大的動力與熱情，使命必達，只是當他們一股腦兒栽進去，就時常忘記路上還有旁人在後方苦苦追趕，大聲吶喊著：「慢一點！慢一點！」

〃壓力與困境下的表現

平時都是在極度高標準的處事原則下，「卓越完美」型要出錯的機會不大，也往往比大多數的人有著更高的抗壓性。於是，一旦他們感受到壓力時，恐怕已經是積累許久的狀況了。在這樣的情形下，容易出現高度的挫折、沮喪情

緒，也常常被自己的罪惡感壓死。願意負責，且主動承擔事物是他們的優勢，卻往往也是壓垮他們的主因之一；覺得與其等待別人不如自己來，因此，很多事情都無法委派別人。而完美主義的他們，有時不喜歡被「教導」，因為這就像是被說「不夠好」。由於渴望證明自己夠好，於是就更加埋頭苦幹，容易給人很固執的印象。付出的代價自然便是忘記休息，等他們覺察到自己的壓力（甚至身體都出現警訊時），才發現已經陷入過勞與耗竭的狀態了。

〃內在深層渴望與需求

其實，對「卓越完美」型的人來說，他們最終的渴望，莫過於看見自己的意義與價值，以及能對他人有所貢獻。他們一切努力的方向，都只為了證明自己「夠好」。於是，透過外在具體表現來證明自己是有價值的，並找到各種「成就感」來感受存在的意義，是他們常用的方式。在生活中尋找「資格感」，是這類型的人深切的需求。

與「卓越完美」型溝通的方式

怎麼鼓勵他們

- **往「目標」邁進**：他們在乎願景、在意目標，只要讓他們知道「最終目的」，你不需要額外的激勵，他們自己就會動起來了。
- **給予意義及價值**：意義與價值是他們生命的燃料，如果眼前的事情沒有讓他們感覺到更高層級的願景與意義，就宛如浪費他們的人生。舉例來說，比起跟他們說「這樣做會讓小孩開心」，不如說「這樣能養出知足感恩的孩子」，更能說服他們。
- **感謝他的貢獻與價值**：習慣一個人埋頭苦幹，並不代表他們能接受「不被看見」。別忘了，所謂「意義」往往發生在被看見的那刻。適度地感謝他們的付出，會讓他們更感受到自己的價值。

▨ 提醒他們改善的時候

- **以詢問代替指正**：高度嚴以律己的他們，若感受到自己有犯錯的可能，往往難以接受。因此在溝通時，以「詢問」代替指正，比如說，以「現在有好多事情來不及完成，你覺得我們可以嘗試什麼不同的方法，來完成任務？」取代「你這樣根本做不到！」，能避免他們覺得直接被挑戰。
- **以願景為目標，佐專業輔助**：他們相信專業，也會努力把自己變得專業。於是需要他們修正時，不必說出大道理，也不用拐彎抹角，更不需費時耗力，只要講出具體的目標，佐以清楚的專業理論即可。讓他們感覺到，你是為了協助他們更接近目標，這類型的人就會樂於接受你的建議。
- **引發挑戰的冒險**：他們的好勝心，只要運用得當，可以是很好的燃料。這類人喜歡新的思維和挑戰，往往求知若渴。因此，給他們學習「引子」，就能催化他們往改變的方向前進。

▨ 如何對他們說不

● **承認自己不足**：相信「真理不辯自明」的他們，不會陷入莫名的詭辯，也討厭不講道理的人。於是，當你確實有所不足時，就承認自己不足之處，該示弱時就示弱。他們能接受別人因為專業不夠而選擇不為，但無法接受他人不負責任的態度，或者打腫臉充胖子的自以為是。他人能承認自己的不足，反而讓他們更覺得被尊重。

● **給予尊嚴**：他們能接受「拒絕」這件事，但在拒絕時請記得給予足夠的尊重，讓他們知道自己的價值與被拒絕是兩件事，並感受到被接納。沒有當下被打臉的羞恥感受，就不會讓他們陷入自我防備而轉向攻擊。

〃教養風格：「孩子，我要你成為龍中之龍！」

努力培養好下一代，成為一個認真盡責的父母，是「卓越完美」型的高度渴望。在教養之路，他們大多有自己堅持的理想與願景，不一定要孩子有名有利，但一定會有特定的目標。因此，對他們來說，當與孩子出現衝突或矛盾，是很打擊他們信心的。這類人也往往難以承認自己或孩子需要他人出手相助。

而他們同樣也對自己與孩子抱持著很高的期待，有時口裡雖然說著自己沒有非得「望子成龍」，但也始終認為「只要盡力盡責，就一定會有回報」。跟他們相處時，會覺得自己一直在無形中被打分數，其實「卓越完美」型同樣也時時刻刻幫自己打分數。

因此，對自己高度要求的他們，若在教養上遇見困境，往往會感到極度挫敗與自責。腦中反覆出現「我到底是哪裡做錯了？」「我可以怎麼辦？」，一直將責任過度壓在自己身上，並陷入無盡的深切反省之中。

「卓越完美」型父母重願景、講道理，他們嚴以律己、嚴以待人，看似固執。但只要在邏輯上能說服他們，也能彈性改變、接納新觀點。另一方面，他們渴望挑戰、樂於學習、追求真理的態度，也是轉換教養困境上的最佳利器。

對這類型的父母來說，即使是忙忙碌碌地養孩子，也不能渾渾噩噩地過日子。只要目標清楚，他們便會努力完成。對他們來說，一輩子都要學習的功課，是去擁有不完美的勇氣，接納自己與孩子縱使不一定永遠最好，也都有專屬於自己的價值。

☑ 化解親子衝突的建議：別只講道理，執著原則。換個方向，目標依然可以一樣。

〃給「卓越完美」的建議：你無法成為一人樂隊

有句話說：「一個人走得快，一群人走得遠。」人生總要面對各式大小壓力，沒有人真的能夠扛起全部。你渴望歲月靜好，也無須獨自負重前行。適度地允許他人協助、委託他人，縱使溝通是件麻煩事，至少不會逼死自己。就連小孩子打傳說對決，也需要隊友同盟，互相carry；更何況是「帶孩子」這種更高階的任務，當然不能單打獨鬥了。你對生活有願景有目標，也得有一群能支持你的夥伴。所謂最棒的卓越者，是可以在後方運籌帷幄，而不用一個人在前方奮勇殺敵。要懂得適度休息、放過自己，才不會最後目標達到了，你也累死了。

一個人默默投入，或許速度很快，但別忘了你的夥伴可能跟不上。另外，人不可能十全十美，遇到挫敗，不一定都是你的責任，也不代表你就不夠好。你只要做你自己，就具備與生俱來的價值，這是沒有人可以從你身上奪走的。

小結

我想再次強調，前面描述四種主軸性格（與教養風格），沒有任何一種是優於另一種，每個類型都有各自的「優勢」與「限制」。

你會找到最接近自己描述的一種主軸人格特質，但在某些情境下，也可能感覺好像各自擁有這四種特質的一部分。**畢竟人生本來就是浮動的，在不同的情境與場合，人自然會呈現不同的面貌。**這是因為我們在社會互動中，會依照情境而扮演不同角色（例如，子女、家長、員工、手足……等），而呈現不同的特質。因此這些特質都是相對，而非絕對的。在下一篇，我們將會談談「豐富的人性變化」，看看這浮動的狀態，將可能如何影響我們的教養型態。

看懂自己的特質，是為了找到認識自己的窗口，也避開與人互動時的衝突地雷。因為每種性格都像是我們生命的寶藏與求生指南，只要運用得當，都能產生建設性的幫助。自我覺察也好、教養孩子也罷，要看懂的是如何持續強化，並放大自己和孩子本身的優勢與資源，讓你在生活中可以更自在、也更正向，同時認清限制，避免造成負面影響。

同樣地，理解他人的主軸性格，等於是協助我們掌握對方的使用說明手冊，辨識出他人的喜好（需求）與厭惡（恐懼），才能投其所好，讓溝通有所成效。溝通的意義，取決於雙方的反應；**而教養其實就是永恆的溝通之旅，能合作教養的人，也必定是善於溝通的人。**

08 看見人的立體性：平時與壓力下的表現

讀到這裡，你是否開始思考：「辨識出自己的生命風格／教養風格，真的有這麼容易嗎？」又或者：「我覺得自己的性格，並沒有這麼單純的一種面貌耶？」

因此，我建議你不妨用以下兩種情境來認識自己：

- 平時不在壓力情境下的你，大多是哪種處世態度？（也就是前面測出來的「主軸性格」）

● 在突發事件的壓力情境下，哪種「行為」和「情緒反應」比較接近你？（可以參考篇末的方法，協助你辨識）

拿我自己為例。在寫這篇文章的時候，我家兒子剛好被學校老師通知，他和確診者足跡重疊，雖不是密切接觸者，但學校要求他先在家自主管理一天。他得先在這一日完成居家快篩，確定結果是陰性後，隔天才能回到學校上課。

但問題來了，我跟先生突然發現，疫情增溫下，家裡附近方圓百里的快篩試劑通通售罄，我們跑了好多間藥局都買不到。在這樣的情況下，小孩根本不可能如期提供「快篩陰性結果證明」，更不可能回到學校上課。這下，我跟先生都慌亂了⋯⋯

如果是你，會有什麼反應？不妨將自己套入這樣的情境，想想你可能有的「慣性反應與行動」會是什麼？

〃相同情境，不同反應

在相同的壓力情境下，我和孩子的爸爸產生了完全不同的作為。

孩子的爸爸在接到老師說「需要買快篩試劑」的訊息時，並沒想太多，畢竟之前到處都有快篩試劑在販售。於是他在接近中午時，剛好要去郵局辦事，就順道去找快篩試劑。後來才發現，竟然不是這麼容易買到！第一家找不到，他就繼續在附近找，但都空手而回。回到家，他也陸續打了幾通電話，直到有一間藥局跟他說：「今天可能會進貨，留下資料後，等通知就好。」於是，先生滿意地留下資料，便停止後面的行動。他的想法是：與其四處找還不一定有結果，不如靜觀其變，等著聯絡與通知。

但，對我來說，我可無法接受事情就此打住。我焦急地想著：萬一最後藥局打電話來通知沒有進貨，那一切不都落空了嗎？孩子明天無法回到學校上課怎麼辦？

我不想被動地等通知，於是立刻打開手機，在各個家族和朋友的群組內，詢問大家的周遭是否可能買到快篩試劑？同時，不死心的我到幾個捷運站以外的社區，繼續詢問各個店舖，碰碰運氣。

先生看我緊張兮兮的，想安撫我，便對我說：「沒關係啦！等藥局打來就好了。」

我卻氣呼呼地回答：「怎麼可以這樣？現在大家都在搶快篩試劑。既然店舖都說進貨時間不一定，就應該要多問幾間，提早問到是最好，不然兒子接下來這一個禮拜都要待在家？你不能只有等藥局回覆吧！」

同樣的緊急情況，反映了我們兩人策略風格的不同。讀到這裡，你猜得出來我和先生在壓力情境下，分別像是哪一種類型嗎？

使用策略雖異，目標依然相同

在壓力情境下，我們兩人的行動力道完全不同。我就是那種「規畫掌控」型的老鷹，不只自己到處找，還要動用身旁所有可用資源，不到最後有個清楚的結果，我絕不放棄；而孩子爸爸，在壓力情境下比較接近「安逸自在」型的樹懶，他認為自己已經盡了最大的努力，接下來就只要等待就好了，因為一定會有方法解決的。對他來說，船到橋頭自然直嘛！

我們都希望解決眼前的困境，也都希望採取「最有效率」的方式來因應。唯獨我對「有效率」的定義和他不同，因此出現了不同的策略與應對行動。

過往，我沒機會辨識出先生與我在壓力情境下，縱使「行事風格」不同，但都有著一樣的目標時，總是很容易落入對他的責備與氣惱。我會反覆想著：「這個人就是這樣！遇到事情都不要緊，老神在在的，根本想不到事情的嚴重性。」同樣地，先生也容易覺得我太咄咄逼人，眼前的難題並非無法處理，我何必總是頤指氣使地要求他人配合？

當我逐漸意識到，我們兩人只是壓力下的內在需求不同，而做出了不同的行為反應之後，就不會認為他是個搞不清楚狀況、只想惹我生氣的人。於是，我慢慢學會先放慢自己，理解先生在壓力下的內在需求，知道他習慣有人跟他一起扛，並且提醒他這件事的「時效性」，我才有機會促使他在行動上稍稍加快，跟上步伐。同樣地，我也得練習讓自己慢下來，接受不是每個人都會想用我習慣採納的方式來解決問題。

〃辨識無壓力情境，與有壓力情境下的自己

試著觀察自己平時的狀態，特別是情緒穩定的時候，將有助於你認識自己「主要的人生觀和價值觀」是什麼。而當你最看重的人生態度受到干擾或破壞時，就會使你陷入壓力情境，這時你自然會採取不盡相同的方式，來處理眼前的危機。

像我平時是個對自我要求很高的人，不敢說是完美主義者，但做事有願景、有目標，並且會努力做到最好，是我對自己的深切期許。同樣地，先生也是，他希望自己在工作的表現可以完美地達成績效；他經營公司的初衷，也是希望能為世界帶來美好的經驗，這非常符合他的人生觀與價值觀。我們兩人能一起度過二十年的生活，也是因為彼此對於人生的態度非常接近。唯獨在面對壓力情境時，我們的「反應作為」會不同（最明顯的，就是速度上不同調）。**要是我無法看懂我們之間是相同中存有相異的特質，便輕易斷定我跟他「就是不同」，那恐怕會為這段婚姻蒙上更多誤解的陰影**（畢竟，當老鷹越急著緊迫盯人，樹懶一定是更緩慢地反應，所謂的「當世界越快，他越慢」啊！）。

同樣地，你對自己「平時」的人生態度，以及在壓力情境下，會採取的作為是否又有足夠的認識？你習慣的因應方式，能帶著你邁向所渴望的人生平衡嗎？我再舉一個朋友的例子。她是一位小學老師，平時的她，渴望無壓力的生活，越穩定輕鬆越好。為了達到這樣的理想，她在班級經營上制定了很多的規矩讓孩子們遵守。她心裡應該是這樣想的：只要大家都好好按照規則，就不會有太多事情需要麻煩到自己，她自然就可以得到她所希望的「寧靜安好」。但，與孩子工作過的人多數都會同意：規矩，就是用來打破的！當老師設立的班規越來越多，孩子打破的機率就越大，相繼來告狀的情況也變多，搞得她十分煩躁。

看到了嗎？**當朋友一直以「規畫掌控」的方式（壓力下的應對方式）來追求「安逸自在」的人生（平時的處事態度，也就是她的「主軸性格」），結果換來更受限的環境。**其實，只要她能辨識出自己一直以來都渴望「安靜穩定」的生活，就可以知道，當她適度地放鬆「規畫」的習慣，允許孩子們在大方向裡適度犯錯，那麼，她期盼的安逸人生反而比較容易實現。

你呢？你最終渴望的人生境界是什麼？是人和？是安逸舒適？是擁有掌握感？還是卓越價值？而你採取的方式，能夠帶你往渴望的路徑前進嗎？在教養孩子的路上，你往往都用哪種策略？你的策略風格是否能達到你心中期望的結果？

人生是立體的，你當然會看見自己在面對壓力情境下所採取的行動，和平時的你不太一樣。但只要知道當你感到壓力時，一貫的回應方式是什麼，就有機會釐清自己的反應是否能帶你往真正渴望的終極目標邁進，進而做出適度調整。

認識壓力情境下的自己

你可以透過以下的方式來協助自己辨識壓力下的回應方式。請想一件最近令你感到高度壓力或焦慮的事情，透過「5W1H六合法」與「3W提問法」，引導自己更進一步地探索，並反思是否有調整的需求。

5W1H六合法

- WHAT：發生了什麼事？
- WHEN：什麼時候發生的？
- WHERE：發生在哪個地方？

- WHO：這件事牽扯了哪些人？
- WHY：什麼原因造成這件事情發生？
- HOW：你採取了哪些行動來因應這件事情？

3W提問法

- What NOW?：面對這個壓力事件，我的情緒反應、行為反應是什麼？最後結果又是如何？
- What THEN?：我滿意這個結果嗎？我原先的因應方式，符合自己一貫的需求及處事態度嗎？
- What NEXT?：我下次可以怎麼調整，好帶自己走向內心渴望的目標？

透過這幾個問題的反思，我們的目標是讓你覺察自己在壓力情境下的慣性反應，如此才有機會帶來改變。

Part 3

與孩子合作……辨識孩子的內在渴望與困擾行為

09

孩子是最好的觀察者，最差的詮釋者

我家兒子屬於觸覺敏感的孩子，當他還小的時候，每次只要碰到他的後頸、後腦勺，他就會大喊不舒服。因此，每次幫他洗頭都像是在打仗一樣，很難好好完成。還記得在他大概四歲的某天，發生了這樣一件事：那天我在外地講課，站了一整天又馬不停蹄坐高鐵殺回臺北。回到家其實已經沒剩多少體力，但還是得強打起精神，繼續完成這天最後幾小時屬於「媽媽角色」的工作。

毫無例外地，那晚在幫他洗頭時，他依然也是「我一邊洗，他一邊動」，而且還越扭越大力。起先我耐著性子，只是不斷念著：「站好！站好！」但這小鬼也不知道怎麼回事，平時講個一兩次就會配合的他，那天無論如何都講不聽。而且我越講，他越是嘻皮笑臉，笑得更開心，也越扭越大力，最後還濺得我滿身都是水花。

整天下來，體力、耐力都已經到臨界點的我氣壞了，立刻關起水，對著他大吼：「媽媽在生氣你看不出來嗎？」沒想到，這個不識相的小孩還用一臉欠扁的表情對我說：「知道啊！」

「啪！」的一聲，腦中的理智線斷了，我變得更生氣，吼得更大聲：「知道還不站好？一直亂動我怎麼幫你洗？」

沒想到，那張原本在我面前嘻嘻哈哈的小臉，突然表情一變，怯怯地說：「就是因為你很生氣，我才想要逗你笑啊！」

腦中「哐噹」一聲，我站在原地，宛如被當頭棒喝。一股愧疚自責感湧上心頭，原來，我誤會孩子了。他不是明知我在生氣還故意惹我，相反地，他的「調皮搗蛋」其實是出自於他柔軟體貼的善意。而我卻在還沒有足夠理解他之前，就氣呼呼地痛罵。

阿德勒曾說：**「孩子都是最佳的觀察者，卻也是最差的詮釋者。」**因為他們總用不夠成熟、相對侷限的大腦在與世界互動。孩子往往有良好的觀察能力，卻未必有完善的應對能力，無法用成熟的處理機制與策略，來表達他心裡真正想要呈現的。而阿德勒也說：**「要理解孩子，就得用他的眼睛看，用他的耳朵聽，用他的心去感受。」**如此一來，我們才有可能避免誤會孩子的內在真實意圖，如同當年的我所犯的錯誤。

〃認識孩子心中的渴望：重要4C

究竟孩子心裡想要什麼？

我們在第6篇提過，阿德勒認為人們生活在世上，都想獲得群體裡的「歸屬感與重要性」，而身為人，也都會有渴望力爭向上、期待自己變得更好的內在動力。於是，近代阿德勒學者貝蒂·盧·貝特納（Betty Lou Bettner）依照這樣的概念，發展出稱為「重要4C」或「關鍵4C」（Crucial Cs）的核心信念，**認為若要培育孩子身心健康的人格發展，就要讓他們感受到自己與他人有安全穩健的人際關係**。只要他們能在生活當中照顧自己與他人，就能感受到自己的存在是被看重的，也就願意為他人貢獻能力。同時，在面對困難與挑戰時，也能產生足夠的勇氣去面對。

根據她所提出的脈絡，我們能以這四個由C開頭的的英文單字，來理解孩子的內在心理需求：

- 追求連結感（be Connected）
- 追求能力感（be Capable）
- 追求重要性與價值（be Counted）

● 擁有勇氣（have Courage）

若說人們的行為都藉由邁向4C的需求，在潛意識下指引人生道路，恐怕也不為過。我們可以從一個簡單的例子說明，你觀察過孩子的自由遊戲（Free Play）嗎？不論是想像出一個虛構世界的幻想遊戲（Imaginary Play），例如，扮家家酒、官兵抓強盜等，全都充滿了4C的意涵。

千萬別小看這些遊戲的重要性，透過孩子腦內的想像，他們能與環境連結（be Connected）。接著，藉由他們對環境的評估，以及發揮已經具備的技能，能夠培養解決問題的能力，更對自身可為與不可為之事有所掌握（be Capable）。而在追逐遊戲或幻想遊戲裡，孩子們因為創造出以自己為主角的世界，感受到了自己的重要性和價值（be Counted）。最後，透過經歷「想像」或「真實」的困難情境並努力克服，而建立勇氣（Courage）。

不只是孩子，其實大人也會在生活中、工作與人際關係裡，追求這4C的

滿足，但汲汲營營的我們卻未必清楚（本篇最後的「教養小練習：大人充電篇」將有補充說明）。而內在渴望的追求，都是潛意識下發生的，因此，**一旦生活中無法獲得正向的內在滿足，為了填補需求，行為就會偏向負向路徑去了。**

負向的滿足路徑

上課中的教室裡，一群孩子整齊劃一地跟著黑板前的老師大聲朗誦著課文。突然，其中一個孩子感到口渴了，伸手就拿起吊掛在桌子旁的水壺，大大方方地喝起水來。

前方的老師看到了，板起面孔說：「上課不准喝水！」

被糾正的孩子，愣了一下，趕緊收起水壺。但沒多久，他還是感覺口渴難忍，便把水壺藏在課本後面，偷偷地小口小口喝。沒想到，還是被眼尖的老師發現了，於是走到孩子身旁，說：「不是說過上課不准喝水嗎？把水壺交給我，下課才還你。」接著就沒收了他的水壺。

可是就算水壺被沒收了，他還是感到口渴啊！怎麼辦？這時，孩子就偷偷地拿起隔壁同學的水壺來喝。這下好了，自己上課偷喝水，水壺被沒收就算了，還拿起別人的水壺來喝。同學驚慌地告狀，老師也被他氣到命令他到教室後面罰站。

孩子站了好一會兒，好不容易班上的騷動稍微平息些了，此時他又舉起手，對老師說：「報告老師，我剛剛喝太多水了，現在快尿出來了！」

這怎麼可以？如果尿在地板上還得了？又要花多少力氣善後？老師連忙揮手，把他趕出教室，要他快去快回……

沒想到，他才剛出教室門口，就立刻往飲水機的方向奔去，按下了「連續出水鍵」，雙手併攏放在出水孔下方，捧著源源不絕的水，一口接著一口，大大方方地喝了起來……

故事看到這裡，如果讓你細數這個孩子做錯了多少事，你會說出幾項？說謊？偷竊（不告而取）？還有呢？

當然，這是個虛構的故事。因為真實的教室情境，應該不會有這麼離譜的事情發生。故事中的孩子口渴了，是他的生理需求，而我們都能明白，餓了就想吃、累了就想睡、渴了想喝水，都是孩子努力在滿足自身的基本生理需求，而產生的本能行為反應。

然而，如果這樣的生理需求，換成心理需求呢？我們是否也願意給予相同的理解和接納，並且做出恰當的引導？

回到我們的生活場域，或許可以開始反思，**孩子那些會引發父母困擾的各種負向行為，其實也只是包覆著內在深層渴望的一層外衣**。說謊、偷竊、頂撞、打架等，都是表象行為。會出現這些反應，往往是孩子被內在的意圖帶領，往往他們想去的目標（即是滿足4C）前進。他們有很多心裡（說得出口或說不出口的）小劇場與內心戲，卻常常被大人誤解。這幾年做學生輔導工作，我發現長期被父母、師長們誤會的孩子，還真不少。有時候，我們以為孩子就是故意要惹人生氣，但其實更多時候，**他們並不是在找麻煩，而是遇到了問題，卻不知道如何消化**（最近父母們一直在擔心的網路／手機成癮議題，也可以用「其實孩子在找尋的是4C的滿足」這樣的概念來理解，你可以掃描下一頁的QR Code閱讀補充文章）。

教養是合作，父母能做到與孩子合作的第一個關鍵，是學習讀懂孩子的困境。明白其需求後給予恰當的引導與滿足，才有機會對症下藥。畢竟，大人與小孩有個先決條件上的不同，即是：大人的大腦運作形式，理應比孩子成熟吧！當孩子用不成熟的方式、負向的路徑來滿足4C時，大人的工作，就是為他們建立健康的引導路徑，來滿足其內在渴望。

我將在後面的篇幅與你分享，當孩子在這四種內在需求上無法獲得滿足時，會有哪些令人困擾的行為，而父母又可以如何覺察、辨識這些狀態。

延伸閱讀：

〈比起3C成癮，其實孩子們在追的是4C！〉

方面，是否有需要調整的地方？

2. 能力感（be Capable）

這份工作能讓你感受到自己「發揮所長」或是「有所學習」嗎？

生活中能夠感受到自己在施展能力或增進能力，是成就感的來源。能享受工作，是因為進入了「心流」的狀態，而能進入那樣的境界，是因為工作的「挑戰程度」與「自己的能力」有著剛剛好的比例。我們都不喜歡工作挑戰過於困難，讓自己感到無力挫折，但也不喜歡任務過度簡單，那會使人陷入無聊煩悶。

對工作懷疑的時候，不妨想想，自己的「能力」有沒有機會拓展或發揮？

3. 重要性與歸屬感（be Counted）

你認為，這個職場是能接納你為一分子的場域嗎？你能驕傲地說出：「我是××人」嗎？（××指公司或單位名稱）

除了連結之外，清楚自己在某一機構（單位）的角色定位，也知道自己的存在有價值，此時就算不喜歡同事互動，也依然能以身為部門成員為榮。有歸屬感，自然會有忠誠度。有時想離開，不見得是與同事相處不好，也不是沒有機會發揮

父母的4C應用：工作篇

曾有朋友問我：「最近工作總覺得很累，是沒熱忱了嗎？」

即便無法詳知他遭遇了什麼困難，但我當時建議他可以從「關鍵4C」角度來覺察，探問自己：「到底遇到什麼困境？」

如果你最近也在生活或工作上，感到有些疲憊，不妨透過以下的提問來反思。藉由4C的面向，來檢核自己是哪個部分沒有獲得滿足。

1. 連結感（be Connected）

工作環境的人際連結感受度如何？支持感高嗎？主管、同事、部屬之間的連結度如何？

你成功與失敗的經驗，都有人能夠理解嗎？（甚至，團購有人會揪你嗎？）

很多人沒有意識到，人際關係對工作本身的連結，其實有很大的影響。工作出現倦怠感時，不妨思考一下「人際連結」

當然，工作的存在也同時有「養家活口／餵飽自己」這個最重要的基本需求。因此，就算工作本身所帶來的4C足夠，但卻不能滿足其他身分的4C（例如，工作很開心，但錢就是賺不夠，家庭的基本經濟需求沒有被滿足），自然也會干擾我們對工作的態度。

若你現在對工作存有懷疑，不妨可以思考一下，是否這4C的任何一個面向，妨礙了你「想繼續努力」的心情呢？

我們不是永遠要追求這4C都有高度指數，如果只有一兩個面向比較低下，或許還有改善空間。但如果全部的指數都很低……那就真的該停下來想一想了呢！

能力，這時不妨思考，有沒有可能是在歸屬感上出了問題？

4. 勇氣感（have Courage）

這是一份讓你願意帶著信任／希望前進的工作嗎？工作場合是否能包容你的錯誤，並給予修正的機會？工作上的挑戰，會不會總是打擊信心、增添挫折？

又或者，這個工作場域有「前景／未來感」嗎？還是雖然沒有太大挫折，但也不見得能帶來新的希望與願景？沒有未來與希望的工作，總是令人氣餒的。

所謂的勇氣感，是抱持著一種「正向的未來」感受。有時候工作不困難，人際很自在，也不是沒有歸屬，但是就覺得走到了一個瓶頸。可能升遷已經到頂了，或者這個領域沒有願景了，都會讓我們失去勇氣走下去。

5. 貢獻感

當上述面向都被滿足後，人的貢獻感受自然會浮現。當我們感受到自己的價值／投入能被看到，這4C就又能源源不絕地滾動下去。

10 當渴望連結的孩子，變成追求過度的注意

讓我們再次搭上時光機回到兒時，來到每次新學期開始，要換班級的時刻。有任何畫面浮現嗎？小小的你，帶著期待又些微緊張的心情走入校園，跟著佈告欄上的引導，踏上新樓層，找到新教室。你帶著不確定的緊張與焦慮，站在教室門口怯怯地向內望了一圈。突然，你在陌生環境裡看見了幾張熟悉的面孔，那是你原本的同班同學。不論你跟他們熟不熟，但此時一種安心感緩緩地湧上心頭。啊！有認識的人呢！也不管臉上的表情是否不受控制，總之你

微笑了。

這就是人們的基礎渴望之一：**連結**，我們總想找到與自己有連結的人。從出生起，孩子們也因為需要「連結」，而在無意識下被指引著，為滿足個人需求，於環境中四處探尋。從生存的角度來看，幼兒需要與成人連結來滿足基本生理需求，因為能被餵食、受大人照顧，才有存活的可能。

人類也因為有連結他人的能力，於是讓彼此在遭遇災難或各種困頓的情況時，能有意願主動關懷、照顧他人。因此，**人類為了滿足「連結感」而產生的利他能力，不只是生理需求，同時也是心理需求。**

〃父母的感受：煩！煩！煩！忍不住翻著華麗白眼的「別來煩」

既然這樣的需求是天性，當孩子對於「連結感」的渴望，無法透過正向的行為被滿足時，他們的表現又會變得如何呢？

父母或老師可以想想下列這些行為，在你的日常生活中是否似曾相識？

- 當你在廚房忙得不可開交時，小孩不停發出噪音或是來回穿梭。
- 當你忙著專注開車，又要一邊看地圖找路時，小孩在後座戲弄其他兄弟姊妹，引發手足戰火。
- 當你明明交代正要打一通重要電話時，就會聽到小孩傳來嚎啕大哭的聲音，說自己不小心夾到手了。
- 教室裡交代大家安靜在座位上完成自己的作業，總會有一兩個小孩，時不時發出聲音，或故意搞怪（像是模仿放屁聲），干擾其他同學和班級秩序。

每當上述的這些大小事發生時，你的心裡有什麼感覺呢？很多時候，我們會立即感到「惱怒」，但如果有機會仔細探問內在真實的「情緒感受」，你會發現，其實起初並不是馬上感覺到生氣，而是由比較淺的情緒開始積累。先是夾雜著「很煩，很煩，別來煩我！」或是「討厭死了！」的想法，而這種煩躁、厭惡的感覺，若你在一開始沒有注意到，就會不停累積，直到你情緒到達高點、發怒大吼為止！

換個情境，你看過卡通《哆啦A夢》嗎？對於「小夫」，你會有什麼樣的直覺感受或想法？愛炫的富二代？令人厭惡的嘴臉？是不是很多時候，當他出現時，你都會產生強烈的不耐？

阿德勒心理學相信，所有的行為背後都有其目的。而教育與心理學大師、正向教養的啟蒙者魯道夫·德瑞克斯（Rudolf Dreikurs）醫師，便將這重要的「行為目的論」概念，成功有效地運用在教導**父母們如何透過覺察自己的情緒，來探索孩子的可能目的**。他在《孩子的挑戰》一書中便清楚地告訴父母們：「藉由觀察我們自己的反應，大多都能幫助我們確定孩子潛意識的意圖。」

不論是小夫也好，還是那個經常搗蛋、惹你心煩的孩子也好，當你感到內心有許多難以壓抑的「煩躁」之時，都是孩子想用他特有的（不恰當）方式，來吸引你的注意。

追求連結感的負向路徑：尋求「過度關注」

為什麼孩子會用這樣無理取鬧的方式，來取得大人關注呢？有一句話說，愛的反面不是恨，而是冷漠，對孩子來說，他在潛意識裡會寧願你罵他，也不要你不理他。身為家裡的一分子，孩子總會無所不用其極地想用各種「創意」，來獲取你的連結與關注。哪怕只是惹來一頓罵，他也會想要爸媽多看他幾秒鐘。

每當我在講座裡這樣說的時候，家長總會問：「孩子哪有這麼心機？」確實，孩子當然不是「有意識地」故意這樣做，這些都是在無形中慢慢積累的。我們不妨換個角度來思考一下。每一次，當你發現幼小的孩子安靜乖巧地自己在玩積木、閱讀，或者認真負責地做功課、練琴的時候，大多會如何反應？是不是內心浮起一個竊喜的聲音：「耶！他自己在玩，快點！我得趕快去把衣服洗一洗！我還有好多工作沒完成，還有多少家事要做！」然後，你就會覺得賺到了額外的時間。當然，我們不會在孩子「乖」的時候，去「打擾」他們。

反過來，當孩子突然做了件調皮的事情，或者故意去戲弄其他手足，甚至屢勸不聽的時候，我們的反應是什麼？是不是會立刻把他叫過來，然後狠狠地、用力地、專心地給一段「不是很舒服，卻是個人獨有的」solo時光？（就是你會狠狠抓他來臭罵啦！）

因此，不難想像在生活中，孩子總是不知不覺體會到：原來做了那麼多好的事情，爸媽未必會注意到（或者我們留意到了，卻沒有特別提起），但是只要爬到桌上打翻水壺，爸媽都會「用力認真」地關注我。好像搗蛋調皮比乖巧懂事，更能引起父母的注意。於是，**孩子便逐漸形成為了獲得連結的「負向路徑」：尋求過度的注意力。**

只要是人都想要被關注，這是天性。而以調皮搗蛋來引人注意的孩子，很多時候本性都不壞。像是小夫，若仔細觀察會發現，他是非常樂意與人分享的孩子。雖然透過「炫富」來達到連結的目的，但也因為他有這樣的渴望，變得很擅長察言觀色，瞭解他人的需求，並適時給予幫助。渴望連結、希望被關注，本來就不是錯誤。麻煩的地方在於，孩子是「過度」需要，以為只要別人不注意他，就是不夠愛他。你也會發現，**追求關注的孩子，往往只要感受到足夠的陪伴與支持，那些令人煩躁的行為都會停下來。**

所以，我們要如何知道孩子要的是你的連結與注意力，而不是其他目標？

你會發現，**只要你一提醒他（對他說話／關注他），他就會停下原本的困擾行為**。比如說，小孩一直在敲桌子，當你請他停下來時，他確實會停手，但隔五分鐘後，又開始敲打，於是你再次提醒他，他也依然乖乖停止，不會擺明對著你唱反調。這就是孩子需要與你產生連結，你一給他注意力，那些煩躁行為就停止了。但如果這時，父母或師長只是「抑制」他的搗蛋行徑，錯將重點放在「行為」，而沒有覺察到孩子真實的內在渴望，這些行為自然就會越演越烈了。

面對困擾行為的策略：冷處理

面對孩子尋求「過度注意力」與「負面連結感」的各式作為，「冷處理」是較為適當的方式。無須動怒，也不要輕易動怒。可以淡淡回應，但不要有過度的情緒反應。因為，當孩子做出不恰當行為，而令我們有「生氣」的反應時，就恰恰好滿足孩子渴望注意力的路徑了。所謂冷處理，指的是讓孩子知道「我注意到你了，但我不會額外關注你」的態度。例如，可以簡單拍拍他、抱一下，但避開眼神關注，接著給予明確、精簡的口語引導，請他於恰當的時機再來找你。對於在錯誤時間尋求關注的孩子，請輕輕回應就好，而不是給他長篇大論的「高濃度互動」。

我們可以溫和而堅定地設立界線，讓孩子知道何時是尋求注意力的適當時機，而何時不行。在不恰當行為出現時，刻意忽略；而在他做出恰當（有建設性）的行為時，出其不意地給予高度關注與肯定，自然有機會轉換他們透過負向行為來滿足自己的習慣（但別忘了！任何改變都需要時間，開始嘗試不代表奇蹟會馬上發生）。

面對人都有的「連結與注意力」渴望，我們必須減少孩子出現負面行為時給予的關注，而也需要在孩子表現正向行為時，加強關注的頻率與強度。例如，當孩子安靜閱讀、與手足合作、專心寫作業……等這些從前爸媽並不會額外鼓勵的行為時，就要給予他明確而清楚的關注。如此一來，更有機會減少孩子在不恰當的時候尋求我們的注意，也可以滿足他們產生連結的需求。

「連結感」是人與人建立關係時，最重要的基礎，就像是關係中的「金鐘罩」。因為教導孩子的過程，不會是永恆的「開心」，必定會有因為碰撞、摩擦而造成不愉快的時候。**與他人的感情連結就像是「儲蓄」的概念，任何有品**

質的互動就是「存入」，而生活的摩擦就是「提取」。特別是面對我們身邊重要的人，更需要建立健康的連結。平時若「存入」的不夠多，與家人、親友、孩子的親密感，又在生活壓力的摧殘下慢慢流失，等到哪日需要大量提取，經歷強烈的關係拉扯、費力溝通後，恐怕關係就只剩「赤字」了！

正向的鼓勵與互動，是建立健康連結的有效方式。關於正向鼓勵的具體建議及策略，我們會在Part 4加以介紹。而此刻，希望父母、師長們在面對孩子「煩」你的時候，能試著跳脫惱人的表面行為，先思考孩子內在的真實渴望是什麼。下次當他又哭又鬧，惹得你心煩意亂時，不妨想想，有沒有可能孩子只是在用錯誤的方式，告訴你「**我想要你陪陪我**」呢？

重點整理

孩子的基本需求	負向行為表現	爸媽可能有的感覺	面對負向表現的策略
連結感	尋求過度關注	厭惡煩躁	冷處理

10. 在該道歉時，就道歉！

（參考來源：www.thepathway2success.com。翻譯：李家雯）

有品質的陪伴，是與孩子建立連結的好方式，不論是透過分享最近閱讀的書籍、訴說自己的心事，或是單純地閒聊，都能夠建立雙向互動的機會（對於年紀更小的孩子，可以藉由「親子共讀」、「玩桌遊」等方式來讓互動變得有趣）。但父母得提醒自己，「聊天」是展現我們對孩子生活的好奇與興趣，而不是藉機「糾正」與「說教」。

如果你對如何與青少年聊天感到困擾，可以掃描下方QR Code閱讀補充文章，裡面有些做法提供你參考。

（若有購買「親子互動陪伴卡」，利用牌卡遊戲來建立連結感也是一個好方法）

延伸閱讀：

〈跟青少年好好聊天真難！爸媽們到底該怎麼做？〉

教養小練習

增加連結感的日常練習

教養是一門藝術。增加與孩子相處的精心時光，不一定要花大錢、耗費體力。只需要在生活中融入一些小巧思，就能以帶有創意的方式，為關係注入滿滿的愛與能量！

曾在美國知名的情緒教育網站上看到具有創意的策略，我把它翻譯成中文提供給你參考。

10種與孩子建立關係的方法

1. 聊聊與學校、課業、學習無關的事。
2. 請小孩教你他們的興趣。
3. 記住他們生活中的小事。
4. 分享自己日常生活中（工作上）的事。
5. 和他們一起玩。
6. 跟他們說說很誇張的（或很糗的）笑話。
7. 分享你自己生命裡，具有啟發性的故事或事件。
8. 做些瘋狂的事（安排出其不意的有趣活動）。
9. 在日常生活中安排一些包含他們興趣的活動。

11 想證明自己有能力，卻走向與大人的權力拉扯

我永遠不會忘記二〇一七年十二月三十一日，那天晚上，臺北又濕又冷，我們一家四口約好了要與從南部北上的親戚在外聚會。趕著出門之際，我在家門口與五歲女兒有了這樣的對話。

「快一點！彰化姑姑在等我們，趕快去穿襪子。」我指揮著小孩，嫌她動作太慢。

「我不想穿襪子！」女兒平時就很有主見，當晚也不例外。

「怎麼不要呢？要出門了，去把襪子穿起來。」眼看時間要來不及了，但我還是試著耐心地和她溝通。

「不要，我就是不想穿襪子。」她堅持。

「可是外面很冷，穿襪子可以保暖。」我繼續勸說。

「但我不覺得冷，我就是不想穿襪子。」面對我的好言相勸，她也是打定主意不妥協。

有一種冷，叫做媽媽覺得你冷。擔心小孩腳底不夠溫暖的我，又趕時間出門，於是心急之下，忍不住大聲了起來。

「你現在不覺得冷，出去就冷了！快點把襪子穿起來。」

「我就是不覺得冷。我想穿涼鞋，不要穿襪子！」

「你這小孩怎麼講不聽，冬天穿什麼涼鞋！」我雙手插在胸口，嚴厲地看著女兒。

沒想到此時，她竟然說了一句我想都沒想過的話——

「這是我的腳！我！自！己！決！定！」

轟一聲，火山爆發了！整個怒火中燒的我，很想對小孩大吼：「你在講什麼鬼？搞不清楚這裡是誰做主？」但，揹著名為心理師包袱的我，沒有把話說出口，硬生生地將這股怒氣壓制在心中，讓這樣的OS只在我腦內無限迴盪。

以上，是真實事件原音重現，也是我個人「反面教材」的不良示範。但這會不會也讓你覺得似曾相識？好像也經歷過類似的事件？

阿德勒心理學相信，人從出生開始，就會有一種「渴望變得更有能力、更強大」的天性。你或許會在某些書上看到「**自卑的驅力**」這樣的形容。簡單來說，那是因為人類天生就希望自己不是脆弱渺小的，不喜歡自己處於「弱勢」的一方，也不想要感覺自己是沒有能力的。於是，在生活中就會去追求一種「能力感」，試圖透過各種方式來證明自己。

女兒的回話，就是很典型的「能力證明」。雖然才五歲，但她也不希望自己是處於「不能作主、無能為力」的狀態，於是高聲拒絕我的要求，藉此證明自己有能力決定。請回想你的孩子在很小的時候，是不是曾出現那種「我來！我要做！我會！」的行為？縱使他們未必做得完美，但卻不想放棄證明「自己可以」的機會。你還記得當他們「成功做到某件事情」，臉上閃閃發亮的神情嗎？那是一種為自己感到無比驕傲的愉悅感，也是人們獲得「能力感」而覺得滿足的證明。

然而，孩子自出生開始，確實會有做得「不夠好」的時候。**在智力與體力都無法超越大人的狀態下，孩子依然有證明自我的渴望，就會往負向的路徑走去**，而引發父母師長的困擾。

〃父母的感受：

怒！怒！怒！宛如沙塵暴翻滾而來的「怒到爆」！

想追求能力感的孩子，會透過控制與掌握的方式來滿足自己。如果能藉由建設性的行為來得到正向滿足，他們便可以信賴自己，相信自己有能力做到，也會願意為自己負責。然而，**一旦感受不到環境（大人們）願意給他們機會去證明自己，就會開始出現挑戰權威、想控制別人、拒絕接受他人主導的行為。**這樣的情況會隨著孩子年齡增長、越有自主權，而更加明顯。我們常聽人說兩到三歲的小孩，是貓狗都嫌的年紀，因為此時的孩子開始發展自主意識，也會讓大人感覺這個階段特別愛唱反調，其實這都是他們想證明自主性與能力的表現。同樣地，在發展自主與獨立的青春期階段，這種「我就是要自己決定」的狀態，會更為明顯，也更令家長困擾，甚至引發更激烈的衝突。

試著想像這樣的畫面，你在家裡（或教室裡）要求小孩做一件事，他說：「我不要！」（或者是「等一下！」）而父母因此對孩子感到很不滿意，就繼續指揮（或碎念）。接著，孩子繼續展現自我意識，擺明了就是「我偏不要現在做」的態度，在這麼一來一往之間，雙方對峙的張力越來越大，因為彼此都**想證明自己才是對的，於是就宛如拔河一樣，互相使勁拉扯著。**

要怎麼知道自己已經陷入跟孩子之間的權力拔河？其實，我們可以從觀察自己的情緒變化開始。只要你發現，**自己和孩子說話的口氣愈來越大，情緒越來越**「高昂」，甚至到最後，你會很想拍桌子瞪眼，對小孩大吼：「你有搞清楚這個家（教室）誰是老大嗎？」（或者：「你翅膀硬了是嗎？」）那就代表已經陷入拔河了。此時，我們正在用「權力」（Power）壓過孩子，試圖證明自己比較「正確」。

〃追求能力感的負向路徑：權力拉扯（拔河）

對《哆啦A夢》裡的「胖虎」，你有什麼感覺？身為大人，我們大多都不會喜歡這個孩子，認為他就是「卡通界裡的霸凌代表」。每次他想控制別人順從他（例如，給他玩具、漫畫、來聽他的演唱會），或者，只要覺得事情不如自己預期（例如，打棒球輸了），就會用「暴力」的方式來脅迫別人。那就是胖虎在使用「拳頭」（力量感），來證明自己的能力。

但如果仔細觀察，事實上，只要胖虎的「能力」運用得當，他也可以是一個能為他人帶來貢獻、與人合作的孩子。你會發現在劇場版裡，當胖虎和哆啦A夢一行人成為最有連結的夥伴時，他總是會主動為夥伴們抵禦敵人（或怪獸），以一擋百。胖虎也是非常照顧妹妹的哥哥，他最不能接受的，就是有人欺負他的妹妹。不論是在卡通裡或現實生活中，**像胖虎這樣每次一言不合就惹你生氣的孩子，也只是想要證明自己的能力，渴望握有力量罷了。**

追求權力感和追求過度關注的小孩，兩者之間最大的不同在於被指摘之後，他們會有截然不同的反應。一樣是面對小孩一直敲桌子、發出噪音的情境，當你「提醒」他不要再敲的時候，那些想被關注的孩子會馬上停止動作，甚至還會賣萌裝可愛地道歉說：「對不起！我不會再犯了！」但可能忍個十分鐘後，他就會故態復萌。

但對追求權力的孩子，每當你提醒他，他反而會變本加厲，一臉「我就是要敲，你能奈我何」的表情。其實，在那樣看似故意的行為下，所隱藏的是他們的非語言訊息，此刻他正在說：「你不要幫我決定！我想當我自己的主人。」

〃面對困擾行為的策略：離開戰場

讀到這裡，你可能已經開始有點體悟，理解為何面對試圖權力拉扯的孩子，我們總是容易動怒？**因為惹你生氣，是他最好控制你的方法啊！**記得嗎？我們說過，他想證明自己有能力，因此每當你生氣，就是他「成功證明自己」的證據。

那麼，我們可以怎麼做呢？請你反過來想想，要是在現實生活中，你發現自己正在與人進行「拔河」的活動，但你一點也不想繼續了，此時要如何停下來？其實很簡單，就是放下繩子就好了。

避免與孩子陷入拉鋸與拔河，最好的方式就是**「離開戰場，不要繼續鬥」**。請直接走開，一來，人在盛怒下總是衝動行事，不自覺做出會令自己後悔的舉動，既不能解決問題，又會造成更劇烈的傷害。二來，**當你與孩子陷入拔河，就等於在爭輸贏，就算爭贏了道理，也傷了情感**。因此，不論你選擇「暫停討論」還是「離開當下的風暴」，都能讓你避開二度傷害。而一旦你選擇冷靜面對，不陷入過度的防衛或攻擊，孩子便會發現：原來戰場上，根本沒有人想跟他爭！這就是停止拉扯最好的方式。

確實，面對與孩子的權力拉扯，我們很容易陷入一種心境：「老子（娘）就是要證明我是對的！」問題在於，教導孩子本應該是一件出自善意的舉動，只是在負面情緒滿溢的狀態下，說出來的話永遠都不會是好話（別忘了在權力拉扯時，我們是很火大的）。相反地，就算你說的話充滿道理，態度也很平和，但孩子在情緒高漲下，根本聽不下去。當大腦中處理衝動情緒的區塊過度活躍時，理智冷靜的區塊很自然便使不上力。於是，再有道理的道理，在他聽來都是無理。

溝通的意義，取決於溝通後的結果。當你的溝通充滿道理，卻失去情感連結，與孩子的關係就會越撕裂。往後不管你再「正確」，孩子也不會想聽，難道這是我們想要的嗎？

最佳的方式是**在平時沒有衝突的狀況下，藉由營造讓孩子有所選擇、對生活有掌握感的環境，來滿足他們對「能力感受」的追求。**賦予孩子責任，指派他任務，讓他對家中（或教室）的事務有參與感與決定權，往往能給予孩子「我是可以決定的」賦能感（Empowerment）。

我明白，但我們都會想，孩子明明錯了，難道不該教嗎？

當然，「教」是一定要教，但在有正向情緒連結、避開權力拉扯的情境下教導孩子，才能事半功倍。關於具體的引導做法，我們會在 Part 4 加以說明。當你又被孩子惹得怒不可遏時，不妨先跳脫這樣的憤怒，停下來思考。有沒有可能，孩子只是在用錯誤的方式，告訴你**「我也想當自己的主人」**呢？

重點整理

孩子的基本需求	負向行為表現	爸媽可能有的感覺	面對負向表現的策略
能力感	權力拉扯	生氣憤怒	離開戰場

- **鼓勵孩子自己發展潛能，嘗試探索不同興趣**：孩子在不同階段會對不同事物產生好奇，你可以鼓勵孩子更深入探索自己有興趣的事物，投注時間與精力，讓興趣不只停留在興趣，而是成為能具體運用的能力。例如，善於自我表達的孩子，可以鼓勵他參加說故事比賽；喜歡昆蟲的小孩，可以鼓勵他參加相關的社團活動，讓孩子感受到自身的能力。

身為父母，我們往往會因為孩子一開始能力不足、表現不夠好（例如，自己洗碗總是洗不乾淨），而替他們完成許多生活上的任務，卻忽略了能力的培養都是從零開始、循序漸進的。當孩子有機會「開始」，能力自然會在一次又一次的嘗試中慢慢增長，最後得到「我可以做得到」這樣的自我判斷。只要持續練習，就不怕最終做不好。

教養小練習

增加能力感的日常練習

孩子需要藉由被指派並完成任務，來感受到自己的能力。他們往往會在還無法精通的階段，就產生去嘗試的意願，此時只要有適當的鼓勵及引導，他們就會因為「在做中學」，而越來越熟練，進而更加感受到自己的能力。

因此在日常生活中，我們可以給予孩子以下的練習，來增進他們對「自我能力」的感受。

- **賦予任務與責任**：請他們協助分擔家庭或教室中的事務。可以從小事情開始，並將關注的重點放在過程而非結果。例如，孩子還小時，可以讓他在廚房用塑膠餐刀幫忙切豆腐、雞蛋等，並肯定他的能力與投入的意願。
- **給予選擇**：有能力需求的孩子，需要感受到自己的自主性，比起「命令」，他們更希望是自己選擇的。特別是青少年，當你給予選擇權，代表他們的能力有被信任，更有助於他們自主性的健康發展。

12 為了被看重，陷入要大人跟他一樣痛的報復

網路上有一支這樣的影片：男孩希望媽媽去看他的運動比賽，但媽媽每天忙裡忙外，實在沒有時間。她對孩子說：「媽媽很想去，但我要做的事情太多，工作也太忙了。」接下來在影片裡，我們就看見這個孩子不停努力做家事、照顧弟妹、整理庭院，甚至還到鄰居家做簡單雜務來換取零用錢。

一開始，媽媽不明白孩子怎麼會有這樣的變化。最後，到運動比賽的前一日，孩子在紙上寫下他連續好幾週替媽媽完成的事情，在把所有花費的時間加

總之後，他告訴媽媽：「我已經為你省下了半天的時間，也靠打雜賺了好多零用錢。現在，我可以用這些錢買你的時間，讓你去看我的球賽了嗎？」

看到這一幕，想必許多父母也跟我一樣，都為這個孩子感到極度不捨與心疼吧。這就是孩子，**他們總會想要知道，自己在父母眼中是被看到的，是重要的**。孩子當然是父母心頭的一塊肉，只是在忙碌的生活裡，難免顧此失彼，忽略了要讓孩子感受到「自我的重要價值」，於是孩子便錯以為，自己要被愛是有條件的。

一個清楚認知到自己是重要且有價值的孩子，知道不需透過「用力爭取」，就能擁有父母的愛與接納，並相信自己對周遭的人們是可以有所貢獻的。而一直感受不到無條件接納的孩子，內心是無助與惶恐的。為了感受到自己的價值，他們很容易會用各種方式找尋自我的意義、贏得父母的看重。於是，有時行為變得極端、令人不解，也是有可能的。

〃父母的感受：痛！痛！痛！錐心刺骨的傷痛！

既然追求重要感是人的天性，那麼，不論大人還是小孩，自然都會出現各種正、負向行動來滿足此需求。再把場景帶回前一篇描述的二〇一七年跨年夜，女兒不接受我叫她穿襪子，執意要出門，還對我大吼「這是我的腳！我自己決定！」的那一幕。

其實，故事還有後續。

當時被女兒這樣一吼，我感到十分錯愕也無比挫折，內心有點受傷，忍不住浮現這樣的念頭：「我是你媽媽，難道不能幫你決定嗎？」但我沒有說什麼，繼續耐著性子順了孩子的意出門。一踏出公寓大門，女兒習慣地對我伸出她的小手，但我逮到機會，刻意雙手抱胸，就是不肯讓她牽我的手。女兒想拉我的手的動作越來越大，而我插胸口的雙手也越夾越緊，雙方都不肯讓步。最後女兒受不了了，大聲對我說：「媽媽，我要牽手啦！」此時，我心中浮現一股小小的、很幼稚，但很明確的勝利感。我對著她說：「這是我的手！我自己決定！」

接下來，就是我們一家四口站在路旁，面對眼前的車水馬龍，以及女兒響徹雲霄的撕裂哭喊。那恐怕是我此生再也不會忘記的「哇——」的一聲……

再次強調，以上是我個人的真實故事，卻是「反面教材」，請爸媽們不要學！也正因為這些經驗是如此鮮明，我便想透過曾經犯下的錯誤，來闡述教養歷程裡的各種實況。當時的我，為何會說出如此傷人的話？才五歲的女兒，想要牽媽媽的手是天經地義，但我的一句話卻狠狠刺痛了她，也難怪她會哭得呼天搶地。但，我到底為何如此幼稚又殘忍？

在你的生活中，是否也有過類似的經驗，只是角色相反？明明是你最愛的孩子，卻比陌生人還殘忍地對你說出許多恐怖的言語攻擊，或是做出好多令你傷心欲絕的行為。**其實，當人會對另一個人採用如此具攻擊性的行動，往往表示他受傷了。**就像女兒對我說「這是我的腳，我自己決定」，在我耳裡聽起來，就彷彿在說「我是個沒有資格管教女兒的媽媽」。於是我覺得自己好受傷，這樣的情緒反應，讓我也忍不住想：我要讓你跟我一樣痛！

對！我當時的那句「這是我的手，我自己決定」**正是一種報復的情緒反應。**

因此，當你的孩子對你說出令人難受的話，或者做出許多讓你感到疼痛的行為時，或許他也是在對你說：**「我覺得好痛，所以我要你跟我一樣痛。」**

追求重要感的負向路徑：報復行為

我遇過一位小學五年級的男孩，本性溫和善良、害羞內向，有著一顆纖細敏感的心。但某天，過了早自習不久，男孩的爸爸氣急敗壞衝來學校，對著孩子劈頭狂罵，把他嚇到躲在廁所裡不肯出來。學校老師頻頻緩頰、安撫後，爸爸才說明，原來孩子趁半夜全家都熟睡時，用螺絲起子對著爸爸新買的高級轎車，在四個輪子上「啵！啵！啵！啵！」戳了好幾個大洞，連車門的鋼板也被刮了好幾道。直到當天早上，爸爸要開車出門上班時，才發現車子被破壞了。調出家裡的監視器一看，竟然是自己的小孩做了這樣難以原諒的事。

男孩本來就退縮敏感，面對爸爸衝來學校的一連串怒罵與質疑，就更害怕地把自己鎖在廁所裡。直到老師們紛紛安撫爸爸，先讓他離開學校，孩子才願意走出廁所。待他情緒穩定後，老師問一句，他答一句，才有機會拼湊出整個事件的樣貌。

原來這個一直都很溫和的男孩，在家人眼裡，卻是個「不夠好」的孩子，因為他的成績總是不理想。他有一位資優生姊姊，從小到大不論學校成績還是課外活動，從不用爸媽擔心，是父母心中「理想小孩」的樣板。而男孩成績一直平平，到了高年級後，數學成績更是明顯下降，很少考超過八十五分。

發生破壞汽車事件的前一天，孩子意外地在數學小考考了九十二分，對他來說，那是難得的成就。平時大多躲著爸爸的他，那天鼓起勇氣，拿著考卷請爸爸簽名，以為爸爸會因為此次進步而多誇他幾句。沒想到，爸爸看到考卷時，還是一貫的嚴厲表情，雖然沒有責備他，卻眉頭深鎖地問道：「差八分就可以一百了不是嗎？你是不懂，還是粗心？」

遇到任何困境，向來習慣以「問題解決」思維來看待的爸爸，認為直接和孩子討論「發生的問題」，才能真正幫助他改善成績。然而，對好不容易鼓起勇氣的孩子來說，他耳裡聽見的卻是：「為什麼不是一百分，而是不夠好的九十二分？」

這個纖細敏感的孩子本就容易鑽牛角尖，雖然沒在爸爸面前露出氣餒受傷的表情，但晚上夜闌人靜時，他一個人躺在床上，想著爸媽總對他不滿意，想著自己怎麼努力都不如姊姊，於是越想越生氣，越想越委屈。想到爸爸最近剛換新車，逢人就開心地介紹寶貝車子的驕傲表情，頓時，孩子突然有種「怎麼我連一臺車都不如？」的挫折感。情緒衝動下，他拿著螺絲起子，猛朝車子的輪胎刺去。孩子在汽車鋼板上劃下的每一道刮痕，都是他氣憤宣洩的證明。

倘若我們只看表面，會認為孩子就是在「搞破壞」，充滿「反社會行為」。但要是我們理解整個故事脈絡，便會明白孩子怒不可遏的報復行為下，其實在高喊：**「我好痛！我好需要你們看重我！為什麼你們都不願意理我？」**

面對孩子的報復行為，我們得意識到，讓孩子受傷跳腳的，永遠不會只是眼下這件事情。**孩子落入報復行為時，往往表示他已經累積許多傷痕與難過了，而眼前這件事只是壓垮駱駝的最後一根稻草而已。**

報復行為可能有各種樣貌，但小小孩的報復行為，我們往往不以為意，甚至覺得好笑又可愛。例如我女兒四歲時，因為爸爸捉弄她，讓她不舒服，便氣憤地大喊：「你對我這麼壞，我以後都不要對你好了！你生日我也不要畫卡片給你了！」我們聽了好氣又好笑，更不把孩子的話放在心上。

而越大的孩子，報復的手段就會越激烈。我曾遇過這樣一個大女孩，在她的雙手手臂和大腿內外，都布滿了一道又一道像是毛毛蟲的「開箱痕跡」，每回看見都怵目驚心。我問她，怎麼忍心這樣對待自己原本細緻白皙的手？她卻用一臉滿不在乎的表情對我說：「我爸媽看重面子，比愛我來得重要多了，所以我把自己搞成這樣，別人看見了就會知道他們有多爛！他們就會沒面子！」

每當面對孩子報復性的自傷（自殘），我總是會想，要累積多大的傷痛，孩子才會產生這樣的心境，竟然把自己的身體當成畫布，用美工刀劃下一刀又一刀的痕跡，只為了向大人抗議，表達自己覺得不受重視。

當然，我沒有要「同意」這些破壞性的報復行為。同理，是表達對情緒的理解，未必代表同意。用撕裂與傷害性的行動來表達自己的不滿與疼痛，都是不智也不可取的。然而我們需要的，**是理解這些衝動報復行為下，孩子真正想表達的是什麼。**

面對困擾行為的策略：先修復關係

我想問問，如果在馬路上遇到有人受傷了，多數的人會如何反應？我們都不是殘忍的人，看到有人發生車禍或是意外跌傷時，多少會關心問候個幾句。就算沒辦法常駐逗留，也不會補踢人家兩腳，在別人傷口上灑鹽。因為面對他人生理的傷，我們都能感同身受，知道不能二度傷害。

但，心裡的傷呢？

當孩子帶著「心裡的傷」，在你面前上演脫序行為，那是他不甘示弱、卻又無助下的反應。但很多時候大人們不明究裡，沒有力氣細心呵護不打緊，反而還再多補上兩句：「哭什麼哭？明明就是你不對還敢哭？」「你有什麼資格大小聲？搞清楚，我是你爸／媽／老師！」這些對話場景，想必一點也不陌生。

當孩子會用報復的情緒反叛大人，代表他依然非常渴望自己是受重視的。父母要有這樣的覺察與意識來面對孩子的報復，才有機會放下成見，避免父母又因為自己也受傷了，再度讓雙方的利刃刺傷彼此。面對他人的「傷」，永遠是先呵護傷口再說；**而面對孩子心裡的傷，我們必須先給予連結支持**。

再次強調，孩子的報復行徑、透過攻擊或自我傷害來證明自己重要性的行為，都不會是一天兩天發生的。此時，**需要我們更穩定地接納，以及用緩慢的步伐來重建彼此的信賴感**。修復關係，是最重要的。父母也要努力別在此刻落入「他受傷了我得呵護他，那我呢？」這樣自覺委屈的心境，因為**生養小孩，本來就不是「討愛」的過程**。我們可以在關係穩健時，適度表達自己也感受到難過與疼痛，但不是一味地要孩子「為我們的情緒負責」。

請記得，面對報復，「關係再建立」永遠是最重要的課題。因為先把關係修復了，才有可能談行為改變。

重點整理

孩子的 基本需求	負向行為 表現	爸媽可能 有的感覺	面對負向 表現的策略
重要感	報復行為	厭惡煩躁、 受傷失望	先談關係連結， 再談行為改變

- **打造無條件接納的環境**：不預設立場與條件地與孩子互動，是讓孩子感受到「無條件接納」的重要關鍵。例如，單純因為想與孩子共度親子時光，而一同享受一頓豐盛的晚餐，避免說出「因為你考試考得很好，所以帶你吃好料」這樣帶有條件的話。

教養小練習

營造重要感的日常練習

孩子的重要感與價值感，得靠身體力行與經驗來積累，而不是單純靠口語表達就能達到的。一個感覺到自己在家裡是重要的孩子，會願意主動承擔家中的責任，盡自己所能來做出貢獻，因為他知道自己是這個家的一分子。這樣的經驗積累，可以參考前一篇營造孩子「能力感」的方式來進行，除此之外，你還可以：

- **對他們的貢獻表達感謝**：例如，當孩子和你一起出門辦事，可以表達你的感謝：「謝謝你願意幫媽媽／爸爸的忙，讓今天更加順利。」
- **當孩子犯錯時，把行為與人分開**：例如，對孩子說：「我不喜歡的是你剛剛做的事情，而不是不喜歡你這個人。」
- **營造讓孩子有歸屬感的家庭氛圍**：不一定總是要把「你對我好重要」掛在嘴上，但要讓孩子感知到父母是重視他們的。例如，視孩子不同的年紀，讓他們適度地參與家庭的決策，允許他們說出自己的想法，和爸媽一起做決定。可以小至讓孩子替爸媽決定拖鞋的顏色，大至一起決定旅遊的行程。

13
成長路上勇氣不足，造就自我放棄的慣性反應

勇氣，是一種難以清楚言喻，卻又非常重要的感受。特別是在面對未知的生活時，我們都需要有足夠的「勇氣」，來引導我們去挑戰不同的事物、處理生活中的大小任務；在不確定是否會成功的前提下，依然願意放手嘗試。

孩子第一次靠自己從高高的滑梯上溜下來，或是第一次挑戰自己搭捷運、走路上學等經驗，這些即使過往已經有爸媽陪伴完成的事情，當要獨自嘗試時，孩子還是會感到不安與焦慮。一種隱約的不確定感，也會在父母的心中騷

動。這時，孩子得有足夠的「勇氣感」，才能引導他們願意去壓抑那股恐懼與不確定。而在一旁觀看的爸媽，往往也得有足夠的勇氣，才能阻止自己上前幫忙的衝動，放手等待孩子完成。

真正的勇氣，不是不害怕，而是怕得要死，卻依然願意去嘗試；這可能來自相信自己的能力，也可能是信任旁人對他的鼓勵與支持。因此，**要能有勇氣去面對挑戰，「信念」是重要基石。**相信能帶來希望與力量，而希望感是我們在面對不確定的事物時，願意嘗試的前提。信念也會在我們面對「不成功」的經驗時，帶來足夠的恢復力與韌性。

有勇氣的孩子不怕犯錯，因為他們知道即使錯了，自己也不會被拒絕。這並不代表這樣的孩子不在乎對錯，而是比起執著在此刻的「失誤」，他們更相信只要繼續嘗試，還是有機會往「對」的方向走。

教育與心理學大師德瑞克斯曾說過：「孩子需要被鼓勵，就像植物需要水。」有趣的是，「鼓勵」一詞的英文是Encourage，即是「灌入」（En）「勇氣」（Courage）的意思。代表讓人們在面對各種事物時，有一股力量感，知道自己可以去試試看，而無須膠著在過度的恐懼之中。

〃父母的感受：嘆！嘆！嘆！無語問蒼天的無奈！

想像這樣的畫面，你的孩子坐在書桌前準備寫作業，你問他：「功課有哪些？」

他聳聳肩說：「不知道。」

「聯絡簿寫了什麼？」你又問。

「也不知道。」

「那老師今天交代了什麼？」

「忘了。」他睜著無辜大眼看著你。

你嘆了一口氣：「好吧，那你把書包拿過來，打開聯絡簿。」

他彎下身去，在書包裡隨意翻了幾下，轉身說：「我找不到。」

你氣餒極了，正要開始念他：「怎麼對自己的事情這麼不在意呢？」

他卻趴在桌上啜泣，懊惱地哭著：「我就是不會！我都不懂！我是笨蛋！」

此刻，你會有什麼樣的情緒反應呢？

想必是一股怨氣，還有濃烈的憤怒（可能你已經不意外，面對孩子所有的情緒，幾乎最後都會走到「生氣」這個階段）。但，當你仔細聆聽那個隱藏在怒氣之下的聲音，可能也會發現，**自己感覺到的其實是濃烈的無助感**。那是一種你雖然身為大人，卻也想跟著哭的氣餒與懊惱，很想對孩子說：「我到底該拿你怎麼辦？」

勇氣感不足的孩子，往往無法相信自己有足夠的能力，可以解決眼前的大小事，於是，便很容易表現出輕易放棄、動不動就氣餒的態度。同樣地，當我們被這樣的孩子引發「我該拿你怎麼辦」的無奈感受時，**其實也表示了眼前的這個孩子，同樣沉浸在強烈的無助感之中。**

〃追求勇氣感的負向路徑：顯示無助

我很喜歡用卡通人物來說明孩子的各種負向情緒表現，卡通雖然是虛構的劇情，但角色的內在情緒反應及心理動力，實際上是非常貼近真實生活的。也因為如此，我們很容易與之產生共鳴。

我想介紹一位大家都不陌生的主角：野比大雄。就是在《哆啦A夢》裡，那個永遠穿著黃色上衣藍色短褲，戴著圓圓眼鏡的男孩。當你想到他時，最直覺浮現的畫面是什麼？

「哭」，對吧！大雄愛哭，什麼樣的事情都能讓他哭。考零分被罵，哭！

遲到被罰站，哭！漫畫被搶走，哭！連靜香不理他，他也照哭。我們對大雄的印象就是：一個沒耐心、容易放棄，動不動就用哭來反應、對自己人生毫無責任感的孩子。

但仔細想想，他真的沒有能力嗎？其實大雄非常樂天善良，富有高度同理心，他的天馬行空特質也常帶來各種創意展現。只要他不卡在困境裡，總能發揮自己的優勢，成為值得信賴的好夥伴。但每次只要遇到挫折與打擊，不論嚴重程度，他都會立刻落入「我做不到！」的心境，嚎啕大哭地哀求哆啦A夢。若沒有神奇的道具幫忙，他就不相信自己有能力解決問題。

為何大雄總是這樣呢？

我們不妨仔細回想，每一次大雄遇到困境時，是否有人陪伴、協助他呢？我講的，不是像哆啦A夢「立刻拿出萬用道具」來解決問題的那種幫忙，**而是溫和引導，陪他按部就班、一步步解決問題的人。**

考試不理想，成績不好，有人給他評量習作嗎？沒有。有額外補習或找人教他嗎？沒有。早上起不來，有買鬧鐘給他嗎？沒有。有跟他討論是否需要改變生活作息嗎？沒有。大雄得到的，是無止境的責備和罰站（當然，這是卡通，我們不用想得太仔細）。但沒有人陪他思考、培育他解決問題的能力，也是真的。

同時，大雄也因為有哆啦A夢這個便利的小幫手，所以他從來不需要「靠自己的力量」來找到解決方法。最常出現的場景是：哆啦A夢每次一邊給他新道具，也會一邊碎念：「你不要每次遇到問題都這麼依賴我，這是最後一次幫你了，以後我不管你了喔！」然而，哆啦A夢從來沒有說到做到，他還是一再出手相救。

這是不是很像許多爸媽在家裡的情境？一邊念小孩：「這是我最後一次幫你送作業來學校！」「這是我最後一次幫你洗便當盒！」「這是我最後一次替你如何如何……」，但每次的最後一次，從來都不會是真正的最後一次。

每個愛哭的大雄，背後都有一個立即出手的哆啦A夢。當我們責怪孩子總是容易氣餒、輕易放棄、過度依賴時，會不會也反映了，**這個孩子從來沒有被給予「自己長出能力」的機會。**

〞面對困擾行為的策略：建立正向經驗

教育學裡有個概念，稱為**「搭鷹架」**，指的是教導小孩時，得像是為孩子搭建鷹架一樣的步驟，你不能一開始就給他一個不可能完成的遠大目標。當挑戰太困難，孩子不管怎麼伸手、踮腳都觸及不到時，自然就會習得無助感，覺得自己永遠不可能做到。

但任務給得太容易、目標太簡單，孩子又會因為太過輕鬆而覺得沒有挑戰，因此失去學習熱忱。真正要能刺激學習，是按照不同的年紀與階段，給予不同程度的要求。**讓孩子從「現階段」到「目標」，需要多花那麼一些「用力**

踮腳」的氣力。這個過程不會是輕鬆的，他得忍耐一下不舒服的感覺，但成功的果實，是能靠他自己努力去摘取的。

每個孩子對於困難及挑戰的過往經驗不同，於是對自我的信賴與評估也不同。就像學游泳，有些小孩確實可以把他狠心丟到水裡，讓他掙扎個兩分鐘，就真的可以學會了；而有些孩子則是得循序漸進地從岸邊打水練習開始，一步步地設立不同階段的挑戰，最終才能達到。

沒有人天生想要覺得自己笨或爛，**孩子輕易放棄，是因為他們不相信自己有能力真的做得到**。身為家長或師長，我們可能會覺得：「這也沒有很難，有什麼好放棄的？」但別忘了，每個孩子的主觀評估不同，特別是對容易氣餒的孩子來說，他們就是勇氣感不足，才更無法正確判斷及相信自己的能力。

當孩子走到氣餒無助的狀態，可以想像過往已經有大量的經驗積累，讓他無法相信自己。別忘了，勇氣的定義是「對未來有希望感」，相信不論現在發展如何，未來都有重新開創的可能。而要擁有這樣的能量，需要營造大量新的正向經驗，來覆蓋過往的負面經驗，重新改寫大腦迴路。**這代表當孩子已經變得容易放棄時，我們得用更大的包容與耐性，緩慢而堅定地重新建構孩子的勇氣路徑。**

勇氣的基底是「相信」，面對「氣餒」的孩子，時間與耐性會是最大的關鍵。**最怕的不是孩子自己放棄自己，而是大人也無法允許足夠的時間來等待。**別忘了，永不放棄的支持態度，才有機會啟動孩子內在的勇氣開關。

重點整理

孩子的基本需求	負向行為表現	爸媽可能有的感覺	面對負向表現的策略
勇氣感	輕易放棄、擺爛	挫折無奈、無助	建立大量正向經驗

- **允許孩子適度經歷「不舒服」的過程：**辛苦不代表痛苦，嘗試新的事物，必定會經歷一段難受的磨合期。但請放手讓孩子去體驗，而不是為他避開辛苦練習的過程。
- **以陪伴、同理情緒為主，而不檢討對錯：**孩子面對失敗的經驗，內在挫折往往已經很高了，若這時大人只是一味地分析或檢討對錯，會使他們下次更不願意嘗試。

要建立孩子的勇氣感，需要足夠的經驗與時間積累。當你願意開始慢慢嘗試，也請記得給自己足夠的勇氣，去相信這樣的努力，一定會帶來正向的結果！

教養小練習

營造勇氣感的日常練習

- **鼓勵孩子嘗試「適度」的新挑戰**：每個孩子的「適度」可能不同，父母可先貼近觀察孩子的實際狀態，也可以參考兒童成長書籍，了解不同年紀和發展階段的孩子適合做什麼嘗試。而也請別過度要求孩子做到超過他能力所及之事。例如，讓學齡前的孩子練習自己倒水，可以從杯口較大的馬克杯開始，熟練之後，再改成杯口較小的杯子。
- **看重「過程」而不是「結果」**：面對孩子嘗試後不成功的結果，你可以說：「我知道這不容易，但我發現你整個過程都沒有放棄。」甚至可以對孩子的嘗試表達感謝，都勝過強調孩子的成功結果。
- **適度地設計「非預期」的活動**：這能夠幫助孩子培養遇到變化時彈性調整的能力。例如，本來計畫好搭車到目的地的旅程，可以提早下車，改成步行一小段。生活規律與按部就班固然重要，但協助孩子學會「適應變化」，能讓他們更勇於挑戰。
- **以「目標」與「期望」作為行動動機，而非「恐懼」**：趨樂避苦是人性，但請鼓勵孩子以「完成任務而獲得成就感」來努力，而不是「害怕沒做完事情會被責罰」，更能激發孩子克服困難的勇氣。

14 重新定義看孩子的方式，見樹又見林的教養

心理學有個名詞，稱為「過度熟悉」（Overfamiliarity），指的是當人們長期沉浸在過往慣有的模式與習慣之中，就容易以先入為主的眼界來看待周遭的一切，造成個人偏見，而忽略例外的可能。

這個現象，在父母、師長們與孩子的互動模式中，也經常發現。面對孩子一再脫韁失序的行為而疲於奔命的我們，容易帶著慣有的眼光去詮釋這些舉動，也會落入反覆無效的策略陷阱，進而持續感到挫敗氣餒。阿德勒曾說，一

個戴著粉色眼鏡的人所看出去的景色，永遠都是粉色的。**無法翻轉在教養上遭遇的困境，是因為我們沒有機會允許自己有新的觀點。**時代與環境一直在改變，孩子與父母的樣貌也各自不同，教養不能單純地照表抄課或一成不變，而是需要加入適度的「創意」。

一旦我們避免「過度熟悉」的心理現象干擾我們的教養之路，就能夠以更透徹或更全面的角度來重新觀察，允許自己有「不同層次」的洞察。用不帶偏見的眼睛看孩子，才能更接近他們本來的樣貌，並還給自己與孩子「公正」的理解。

〃用外星人的角度看孩子

二〇一五年暑假，我人生第一次放下孩子，獨自到東京參加國際研討會。雖然日本不是陌生的國度，但對許久未踏上北國異地的我來說，一切都充滿了好奇與新鮮。猶如劉姥姥逛大觀園，也像是外星人降落地球，每件事情都讓我感到有趣。比如說，一樣都是在便利商店買冰咖啡，在臺灣，已經習慣只要直接對著櫃檯的店員點餐、結帳，就可以站在一旁等待咖啡完成；但在日本的便利商店點咖啡，客人得自己先從冷凍冰箱拿出一個裝滿冰塊的塑膠杯，走到櫃檯結完帳後，再到一旁的咖啡機，自行操作機器，完成冰咖啡。這實在是太新鮮了，於是我忍不住開心地在臉書上與朋友分享。更有趣的是，我的日本籍友人在下方留言說：「從海蒂的眼光看出去，日本也變有趣了呢！」因為對他來說，在日本習以為常的「理所當然」，在我的眼裡卻是這麼不一樣。同時，這也令我反思，我們在臺灣早已習慣的便利，是不是也可能是外人眼中的不平凡與不可思議呢？

面對孩子，我們是否有機會改變看待他們的方式，**把他們當成彷彿是「外星人」，適度丟掉那些既定想法，用不同的角度認識孩子？**如此一來，我們或許就能發現他們的真實樣貌，而非只是我們想看到的樣子，更不會只有我們一直以為的樣子。

到學校進行中小學生輔導工作時，我一定會先和父母、老師談一談，不只是先了解孩子造成了什麼問題，也幫助我知曉師長們實際需要什麼樣的協助。最重要的，我總會多問這些大人們一句話：**「先不管剛剛討論這麼多孩子讓你感到困擾的事，你認為他有哪些亮點？」**問這個問題，就是為了讓父母師長們有機會「鬆動」原本習以為常的想法，看見就算是讓自己頭痛不已的孩子，依然有許多令人喜愛的特質。

面對孩子，有時候要拉得遠一點來看，**意味著我們不能只是聚焦在當下的困境，而得以更全面的角度思考。**人一定有自己的盲點，面對令人困擾的孩子或事件，我們可以找家人、朋友、老師一起來討論，集眾人之力組成合作模式。藉由彼此互補觀點，更能增加訊息量，防止偏誤發生，也能看到更完整的樣貌。

做父母的難免落入「偏頗式的災難性思考」，卡在自己的主觀詮釋裡，而忘了自己曾經也是個孩子。我們都聽過這句話：「易子而教（交換孩子進行教育）」，其實父母也是。**透過外人的眼界，來帶領我們用新的方式看待孩子，可以給我們新的提醒**。以我自己來說，我有時還會去請教其他與我孩子同年齡的孩子，問問他們覺得「我的小孩可能在想什麼？」很有趣的是，透過其他孩子告訴我「小孩會怎麼想？」的過程，我往往也能鬆動我自己。如果你不只有一個孩子，不妨問問其他的手足，這個困擾你的孩子在想什麼？他需要什麼？答案可能你會讓你很意外，孩子們之間往往是相當理解彼此需求的。

〃用孩子的視野來看待困境

還記得你的孩子剛學步，開始四處探索的時期嗎？你是不是也曾購買了大量的桌角保護罩、牆角保護貼條、防撞軟墊等，好確保你心愛的孩子，在盡情探索世界的時候，也能夠被恰當地保護，不會陷入危險。當你在為孩子安裝這些保護裝置時，是以什麼樣的角度來規畫的？我曾有個朋友，在為孩子打造安全環境時，刻意讓自己蹲下身來，用孩子的眼界與高度看出去。他頓時發現，自己從地面上五、六十公分的角度看出去，與平時一百七十幾公分的高度，是完全不同的。

阿德勒說，要了解孩子，得用他的眼睛看、耳朵聽、心去感受。**當你想要改變孩子的行為，認為他需要學習新的方式時，就更應該用他的視野看出去，理解他內在實際經歷的狀態。**這能讓我們給予孩子恰恰好的幫助與引導，符合他們真實的需要。而如何看懂孩子的內在需求，我們在前面的篇幅已經大量討論過。

此刻的你可能已經發現，要允許自己在教養之路上變得彈性，就要練習轉換成孩子的視野，把距離拉近到如同你自己就是他一樣。試著從孩子的角度看出去，避免只看見淺薄的表面，以及總是用主觀的標籤誤解孩子。

前面關於4C的介紹，正是帶領我們「進入」孩子眼界的引導建議。我們建立了與過往不同的思維方式，來重新認識那些總能引發你情緒的惱人行為。更進一步來說，**我們重新建構了對孩子的看法**。

〞教養，是修煉自己「見樹又見林」

養孩子得見樹又見林，在「拉近」與「拉遠」之間不斷切換。拉近時，我們能看見這個孩子「本身」怎麼了，看懂他內在的需求與匱乏；拉遠，則是看見孩子此刻的困擾都只是過程，而非永恆，也能鬆動過度聚焦在失望、痛苦的現況，避免窮忙於眼前的膠著狀態，而錯失了其他寶貴的資源。

曾經聽過這樣一個故事：一艘船上的船長，正努力地指揮著所有的船員用力划槳，為了要讓船速可以火力全開，以避開即將撞上的冰山。船長很認真在前線指揮，將本來如同一盤散沙的船員們凝聚在一起，齊心奮力。然而，當船長走上高處，拿起望遠鏡一看，才發現雖然整艘船的動力起來了，但方向卻是朝冰山前進！如果船長沒有及時發現，整艘船就會這樣火速全開地撞了上去。

在教養中，我們也得避免自己陷入這樣的錯誤：**忙於應付眼前的狀況，卻忽略更大的目標**。對孩子的困境練習轉換視角，能幫助你培養彈性，免去疲於奔命的徒勞。這不只是一段自省與修煉的歷程，也是對孩子的一種示範。

讀到這裡，你或許不免感到好奇，如果「教養是合作」，那麼，為何我要用大量的篇幅來討論「改變看待孩子的方式」？既然合作是相互的，為何不是先談談如何讓孩子「理解」父母的需求？

「教養是合作」有個延伸定義，那就是希望能引導孩子以「有建設性的方式」加入社會，順利融入大環境。也就是說，**當我們能夠看懂孩子的表象行為，理解其內在的需求，並恰當引導後，我們也等於在催化孩子成為一個「能合作」的人**。而父母、師長們優先做出「合作」的態度與作為，也是在示範給他們看。

教養是合作，這是個漸進式的轉換歷程，而在任何關係中，在乎的人總是得先開始做出改變。唯有大人們願意先踏出第一步，整體系統才有改變的可能。

重點複習

孩子的 基本需求	負向行為 表現	爸媽可能 有的感覺	面對負向 表現的策略
連結感	尋求過度 關注	厭惡煩躁	冷處理
能力感	權力拉扯	生氣憤怒	離開戰場
重要感	報復行為	厭惡煩躁、 受傷失望	先談關係連結， 再談行為改變
勇氣感	輕易放棄、 擺爛	挫折無奈、 無助	建立大量 正向經驗

Part 4

與孩子合作【實戰篇】：教養的要與不要

＊ 若有購買「親子互動陪伴卡」，可在與孩子遊戲時加強練習 Part 4的溝通策略。

15

不評斷好難？只要多問一句就好

#同理與接納

這篇，我們要來談談與孩子合作的第一式：「陪伴，不評斷」。

天啊！不會吧？這個老掉牙的話題，每本教養書上都說過了，千篇一律、了無新意。而且前面才說「教養是合作」，怎麼現在就打臉自己了？同理小孩，跟合作有什麼關係？其實，練習接納孩子，是學習跟自己的「舊腦袋」合作。這你就沒聽過了吧？且讓我在後面的篇幅為你說明。

事實上，我真心覺得，所謂「陪伴孩子，不要評斷」，這句話是廢話！（對不起，我粗魯了……）

只要是「人」，就一定有主觀感受。隨時隨地為身旁發生的人、事、物做出評估與判斷，本來就是我們的常態與本能。因此，陪伴孩子時，要做到不論斷、不評價，還真的是史上最困難的事情。我們很容易接納朋友、同事、客戶，甚至是陌生人的各式狀況，但要對自己的家人、另一半，以及孩子沒有任何「意見」，根本就是天方夜譚，才沒有書上說的那麼簡單。

相信我，你感受到的都是正常的，也是百分之八十以上的父母共同的心聲，你一點也不孤單！

〃人，天生就是會論斷的物種

簡略來說，人類的大腦可以分為兩個區塊：舊腦區、新腦區。

- 「**舊腦區**」的工作，是讓我們在遇到危機與緊急狀況時，不需過度猶豫，就能快速評估當下的風險，進而做出立即的本能反應。所謂「打或逃」（Fight-or-flight），就是在這個區塊做出決策的：「該逃跑就逃跑，該攻擊就攻擊！」這時，你的身體會依據大腦的判斷，做出當下最恰當的決定。

- 「**新腦區**」的任務，則是透過外在神經感官（眼、耳、鼻、身、觸等），讓人們將生活環境中搜集到的訊息進行分析、統整、歸納、判斷。並對於收到的訊息，該刪除的就刪除，該歸類就歸類，進而做出適當的回應（有時候我們吸收資訊，卻沒有實際行動，那也是大腦經過分析之後，做出「不回應」的判斷）。就算你不想整理這些訊息，大腦也由不得你，因為要是沒有好好評估外在環境，並妥善分類整理，人腦會被過多的資訊轟炸，根本無法承受。就像是永遠在接收訊息、儲存照片和影片的手機，如果沒有好好整理，就會造成資料超載，最後當機。

因此，不論是在哪個區域，**大腦無時不工作，無時不判斷**！人腦的天性就是一天二十四小時不間斷、全年無休地在進行「讀取→分析→判斷→反應」這個過程。就連睡眠，也是大腦去蕪存菁的重要階段。這是人類生存的重要法則。於是，每當大人在聽孩子說話的時候，自然就會把當下收到「來自孩子的訊息」，套在「父母／師長在人生經歷中，整合多年、長年運用的認知收納盒」當中。接著，一定會發現違和的地方，畢竟世上沒有兩個人的腦袋長得一模一樣，每個人的認知框架也都有所不同。

於是麻煩就來了，因為在與孩子溝通時，**問題往往是發生在訊息接收並分析後，做出「反應」的這個階段**。很多時候，父母會主觀地認為孩子說的與自己的認知不符，就等於沒道理，或者不成熟。一旦父母認定孩子的言行跟自己的認知有所牴觸，自然會浮現想要好好說教一番的念頭（大腦的另一個重要功能便是「除錯」，指當感知到外界訊息的衝突或矛盾時，一定會有所反應）。

那感覺就像是：「你明顯在鬼扯，我怎麼可能忍受你的歪理？如果你是別人就算了，偏偏你是我的小孩啊！我當然要善盡為人父母的責任，好好點醒你的不合邏輯之處。」

然而，所有親職溝通專家都不停呼籲著：「一味地論斷／評價孩子，會帶來撕裂與衝突！」特別是這幾年，所有的教養書都用幾乎是威脅恐嚇的方式「善意提醒」父母，你如果不能秉持著中立的態度接納孩子，就會很慘喔！於是，父母們紛紛陷入焦慮及恐慌，深怕自己做得不夠好。但是，**不論斷、不評估，之所以這麼困難，就是因為根本違背人的天性**。

那麼，我們到底該怎麼辦呢？

〃增加訊息量：多問一句話

記不記得我們在前面篇章曾提到，孩子的種種行為背後，總有內在需求渴望滿足。因此，父母要讓自己先有足夠的理解，再進行論斷，才能真正貼近孩子，而不會因為過度臆測造成誤解。但是，具體來說到底可以怎麼做？

答案是：**問就好了！**

對，能不能試著在說出自己的想法之前，多做一個動作：**增加訊息量，多聽孩子說一點。多問一句，就好**。先聽聽孩子為什麼這樣說？他背後的想法、心底的渴望、真實的意圖是什麼？孩子對所聽、所見、所聞覺得有趣／無聊／生氣／不屑……的種種原因是什麼？而不是直接將孩子的論述，套進我們腦中的框架後，就立即告訴他：「你這樣不對！這樣不行！」

只要「多問一句」，就能讓我們接收到的訊息更完整。這樣做，不只增加對孩子想法上的理解，也拓展了我們大腦的認知限制，把腦中已經定型的收納盒加寬加大、變得更能同理孩子，而不會太過武斷。畢竟，孩子可能有話還沒說完，但大人卻太快「論斷」，自然就造成雙方的訊息落差（別說與孩子溝通是如此，夫妻之間，甚至職場上、朋友間，也經常發生這樣的溝通誤會）。

我拿自己的一個經驗來舉例。二〇二一年疫情期間，孩子經歷了居家線上課程，又放了很長的暑假之後，終於要回到實體上課了。就在開學前一天的晚餐時間，孩子默默地說了一句：「真希望可以宣布延後實體上課。」**（↓孩子的訊息）**

聽到這句話，我第一個直覺想法是：「這小孩只想放假，偷懶賴在家裡吧！而且延後上課就表示疫情變嚴重了，他怎麼這麼不會想呢？」**（↓我的認知框架）**

當下所發生的，就是他的訊息和我的框架碰撞，而我的大腦產生了違和感。於是，我的第一個反應便是糾正他的不恰當，告訴他應該要考慮更大的格局，不可以自私只想自己放假！**（↓因為訊息落差，而產生說教／批判的言論）**

結果，不用說大家也可以想像，這樣的對話完全造成了反效果，孩子生氣了。他覺得我根本沒搞懂他想講什麼，便拒絕再跟我對話，進而封鎖了後續彼此核對想法的機會。而我也生氣了，覺得他真是個不受教的小鬼，媽媽說的至理箴言，為什麼都不願意聽？整個晚餐氣氛變得很僵，我跟孩子默默扒著碗裡的飯，各自生著悶氣。

但晚餐過後，我冷靜下來了，決定做出新的修正（對，當媽媽就是這麼孬，因為在關係裡，在意的那個人總是要先開始）。我先跟孩子道歉，並表示自己剛剛反應太衝了，接著問他：「可以告訴我，你想延後開學的原因是什麼嗎？」（↓增加「理解」，多問一句）

有了這樣的後續對話，我才知道孩子真正的想法。他其實不是偷懶想放鬆，也不是希望災情擴大讓生活混亂，而是擔心大家通通回去上課，疫情反而會變嚴重。不論這是不是違心之論，至少我們增加了彼此傾聽的機會，也緩解了因過度論斷而帶來的衝突。

〃就算無法立刻認同，也能增加理解

多問一句，能使我們在做出判斷前，有機會更加貼近孩子心中的真實想法與意圖。**即使你可能還是不太理解，彼此的價值觀也許依然有距離，但至少親子之間不會因為硬碰硬，而造成兩敗俱傷。**

事實上，練習「多問一句」，不只增加我們理解孩子的機會，也會強化前額葉的完整工作能力。屬於新腦區的大腦前額葉，負責協助我們做出判斷。當我們練習對孩子保持好奇，秉持著開放的態度多加詢問，就等於是刻意鍛鍊肌肉一般地鍛鍊大腦，增加我們「理智思考範疇」的活性。**既然大腦天生要判斷，就讓它學會「更完整地判斷」**。

所有的教養書都說「跟孩子溝通就是不評斷」，但可行性其實不高，因為根本上違背大腦的天性。因此，我們要做的不是不評斷，而是在論斷之前，先尊重孩子有自我表達的權利。也透過多問一句來增加理解的契機，讓自己能獲得更全面的訊息。所謂「知己知彼，百戰百勝」，不是只有跟孩子溝通如此，在大人的世界裡，也應該這樣，不是嗎？

16 感冒藥有三種，同理也有三種

#同理與接納

或許你已經發現了，我們一直在談陪伴孩子的關鍵，就是「同理」這件事。而再一次地，你又忍不住對著本書翻了一個華麗的白眼：「又是千篇一律的老調重彈。」但知道未必等於做到，況且老調經過重新編曲，會有不同於以往的新風貌，也能撞擊出不同的火花。

不論對象是大人還是小孩，我們都深知「同理」在人際互動的重要性，卻常常不得其法而感到困擾，也容易停止繼續嘗試。然而，面對這樣的困境，其實我們並非做不到，只是還找不到適合自己的方法而已。

在進行親職諮詢的時候，家長常會說：「孩子說我都不懂他在想什麼，連另一半也說我沒有同理他，只會講道理。」也有學校老師來抱怨：「我告訴父母孩子的狀況，但他們只會為孩子開脫，找各種理由。我不是不能同理他們，但問題還是要解決啊！」面對各式各樣的「苦主」，他們看起來真的很苦惱，再細問下去，會發現大家都不是麻木的人，也不是只會講大道理。正因為他們比誰都在意孩子，才會更努力地想要解決問題，無奈他們的苦心卻一直無法被理解。

你是不是也有同樣的心境？我們為孩子勞神傷財、費心費力，想方設法要解決他們的困境，卻常常換來孩子對我們大喊：「你都不懂我！」要是這麼努力，還被冠上「不懂同理」的標籤，著實太委屈了，也難怪會感到心累。

〃同理心，是一種能了解並共享他人感受的能力

同理到底是什麼？從大腦的研究來說，同理是當你看到／聽到別人的某個經驗時，縱使自己並非正在經歷該過程，你的大腦依然會跟著對方做出相同或類似的反應。例如，當你看到螢幕上「手指被門夾住」的畫面，就會不自覺也跟著痛了起來，甚至忍不住「呼呼」自己的手；即使在現實裡，你的手正在流暢地滑著手機螢幕，根本安然無恙。

我們往往也會以為，同理他人就是「替別人感覺」而已，這是只知其一不知其二了。事實上，同理心有三種（就像感冒藥有三種），分別為：

- **情緒同理**（Emotional empathy）：指人無須經過思考，就能自動地得到他人的情緒體驗。例如，朋友打電話來找你哭訴他的伴侶不忠，你也忍不住跟著他生氣、委屈，一起痛哭說：「對方真的是個混蛋！」這往往是在無意識下的反應，就是你的大腦不用刻意思考、咀嚼，就能夠有的感覺。

● **認知同理**（Cognitive empathy）：在意識（思考）下做出的同理反應，即是你明白對方的經驗，也感知到他人的情緒體驗，但意識上，你清楚了解對方的實際感受跟自己的可能有所不同。例如，同樣是朋友找你抱怨伴侶的不忠，你知道朋友很難過，也會想替對方抱不平，於是說：「他這樣做真的太過分了，你一定超生氣的！」這一層的同理反應，通常是有意識的，因此又可以稱為「意識同理」。

簡單來說，情緒同理跟認知同理的差別，在於面對別人的痛苦經驗時，「我感覺很糟」（情緒同理）以及「你感覺很糟」（認知同理）的反應。

有些人很善於情緒同理，可以和別人同出一氣，卻缺乏認知同理。因此給出的回應，**常會讓人覺得單純停在自己當下的感受，而少了後續的行動建議。**舉例來說，當孩子在學校與人衝突，高度情緒同理的家長，可能會對孩子說：「吵架的時候都沒人幫忙說話，真是太孤單了。」

相反地，有些人富有高度的認知同理，很擅長給出客觀與恰當的分析建議，**卻未必有情緒同理，因此無法和他人感同身受**。用同樣的例子來說明，面對孩子在學校與他人衝突時，這類的家長知道孩子經歷了什麼，也知道他們的不愉快，會很積極地為孩子分析狀況，有時就容易太快下指導棋，而對孩子說：「下次再遇到這樣的事，你應該怎麼做……」

當互動落入單純的認知同理，孩子容易感覺自己在情緒上沒有被接住。即使知道大人給的建議是為他好，但就是沒有連結、陪伴的感受，讓這樣的同理方式打了折扣。

溫和又有力道的第三種同理

那麼，較好的同理方式是什麼呢？就是情緒和認知同理一起合作，結盟成更加具體有效的行動，這也是最近常聽到的第三種同理：Compassionate Empathy（我暫時譯成「**關懷同理**」，但其實也可以翻成「**共感同理**／**慈悲同**

理」）。即是，當面對他人經驗的事件時，不只在情緒上與人共感，也能有想法上的共鳴，並且覺察對方的真實需求。所以「感覺和腦袋」同時存在，進而產生有效的關懷行動。

一般來說，這也是比較能真實貼近他人的同理狀態，在「情緒同理」與「認知同理」之間取得平衡。面對他人的喜怒哀樂時，我們儘管能在情緒上同情共感，卻也可以分辨對方與自己的感覺可能不一樣。於是，**你會以對方的真實需求為考量，給出適當的建議與關懷，而不是只依循自己主觀的判斷**。

就像上面的例子，面對朋友的伴侶不忠，你會和他一起生氣、委屈；但你也知道，朋友依然離不開這段關係，想必還有你無法體會、他也並未說出口的依戀與不捨，而你亦能理解這些想法。在這種情況下，你給的建議，就能更貼近對方真實的需求。

又或者，面對孩子回來找你抱怨「學校老師評分不公平」，你會在理智上評估，猜想他應該沒有勇氣為自己據理力爭；於此同時，你也能感受到孩子心裡覺得委屈難受。在這件事情上，你有你自己的感覺，也有孩子的感覺，同時又能了解他真實的想法。於是，你給的意見或回饋，就是孩子實際上比較可能做到的。

〞有效同理的行動起始：「我可以為你做什麼？」

要把「關懷同理」化為具體的行動，不妨從詢問「我可以為你做什麼？」開始。有時候，孩子（或朋友）來找你抱怨，可能只是需要情緒支持，而不是要你在理智上幫他判斷、給他建議；他只是想要獲得「有人懂我」的感覺而已（即是「情緒同理」）。而有些時候，他自己的感受已經很多了，不需要你再跟他一起感覺；此時他需要的，是你告訴他該怎麼辦。於是，當孩子面對困境時，你可以試著問他：「**你希望我抱抱你就好，還是想要我告訴你我的想法？**」藉此協助孩子釐清自己的內在需求，並且有效表達。而讓孩子具體說出自己要什麼，也可以幫助父母多一分理解，避免給了不適合的同理回應。

同樣地，多問一句「你希望我為你做什麼？」或「我可以為你做些什麼？」也是協助孩子看懂在目前的問題上，他能為自己努力的部分有哪些，而你真正能協助他的又有哪些。如此一來，孩子能釐清責任歸屬，學習為自己當責，也避免父母過度介入，剝奪了孩子練習解決問題的機會。

「同理」是關係建立上很重要的一門功課。但「有效同理」未必是人人都做得到的事，這需要我們貼近生活大量練習。有效同理，是結合「大腦」與「心」之後，再具體化為行動上的關懷。**先看到對方的實際需求，而不是自以為是地給予。**

當我們將認知（大腦）與感受（心）結合之後，孩子便更能感覺到父母與他們連結的意願。想引導孩子與我們合作，就得從自身做起，讓孩子有機會感受到同理。更棒的是，他們也能藉由你的示範，學習到換位思考、同理他人的能力。

17

鼓勵，不是只說好聽話

#鼓勵

要與孩子打開合作的大門，重點在於如何引發他們與大人合作的意願，而**「鼓勵」就是那把關鍵的鑰匙，也是雙方建立連結的重要橋梁。**沒有連結，就無法催化孩子在行為上的改變。過往，我們在面對孩子的錯誤行為時，總是用盡各種方式想要他們改變，卻又經常適得其反，這都是因為我們沒有找到正確方式的緣故。

如同前面提到的，「鼓勵」的英文是「Encourage」，把它拆開來，就是

En（灌入）＋Courage（勇氣）。想想看，當我們在面對各種大大小小的挑戰時，不論結果成不成功，只要有人摸摸我們的頭、拍拍我們的肩膀，或是說一句「加油！我挺你」「試試看，我跟你一起」，瞬間，我們的心頭就有一股溫暖的力量流入。讓我們願意持續嘗試、宛如強心針的那一劑，便是名為「勇氣」的力量。

面對生活大小事，人人都需要勇氣。關於簡單的日常任務，勇氣會讓我們相信，繼續做下去，一定會帶來令人滿意的結果；而艱困複雜的事，更需要勇氣，那會為我們帶來翻轉的力量，並拾起對自己或環境的信心。因此，如果將「Encourage」一詞更貼切地翻譯為「打氣」，一點也不為過。就如同我們在前文提過的，許多氣餒挫敗的孩子，失去的是對生活的勇氣。而藉由大人們的「打氣」，他們就更有機會喚起富含力量的內在泉源。

〃鼓勵的目的：不再是 Feel bad to do good，而是 Feel good to do good

為什麼需要鼓勵孩子？因為我們相信，孩子本身有能力與資源為自己克服生活中的挑戰與困境，而我們則透過鼓勵，來讓孩子更相信自己能做到。當然，每次的挑戰不會都只有成功，一定也有「結果不好的時候」。此時，透過鼓勵的力量來催化孩子進步，會是個強而有力的做法。

先來想想，面對孩子表現不佳的時候，大家大多採取什麼樣的應對方式？而這些方式，是促進了他們打從心底想要改變的力量？還是把他們推往更容易放棄的方向？

疫情期間，我們一家被關在家裡，大量減少了外食的機會。某天我心血來潮，想在家中嘗試做做看網路上找到的知名拉麵店高湯食譜。我準備了各種食材，耐心備料，切菜、洗菜，再用大火慢熬，煲了好久的湯頭，一整天都泡在悶熱的廚房裡。到了晚上，我一臉得意地端上我整日的心血，滿心期待會得到泉湧般的好評價。怎知道小孩喝了一口，就皺起眉頭說：「怎麼這麼油？」天啊！有道雷直接打在我心上，這臭小孩在講什麼鬼？我一聽到，又氣又惱，覺得孩子也太不貼心了。畢竟沒有功勞也有苦勞，我在廚房裡揮汗如雨的結果，只有一句「怎麼這麼油？」叫我情何以堪？

此時，一旁的先生注意到了我漸漸扭曲的表情，感受到那山雨欲來的情緒變化，馬上喝了一口並補上一句：「哇！我可以喝得出這個湯頭的層次，你一定很用心準備。」先生的話立刻澆熄了正在蠢蠢欲動、即將爆發的「媽媽火山」，成功化解了全家人的危機。

後來，當我自己冷靜下來試喝那碗湯，也覺得很油膩，跟名店的湯頭差得十萬八千里。但是，**就算知道自己有進步的空間，當努力被全盤否定時，難免委屈難忍。**

有時候，我們對孩子不也是如此？不論他們做了什麼，父母總會抱著「好還要更好」的心境，於是習慣不說好話，吝嗇給予肯定。因為深怕孩子太過驕傲、自滿，看到他們願意嘗試或表現不錯，雖然心裡覺得歡喜，也還是要先說出有待改進的地方，提醒他們要不斷追求進步。只是這樣一來，不只澆熄了孩子的熱情，也破壞了親子間的關係。

〃鼓勵的重點：讓孩子 Improve（進步），而非 Prove（自我證明）

我們往往誤會了鼓勵的真諦，不是說好聽話就叫做鼓勵，鼓勵也不等於「讚賞」。看看以下這兩組語句的差別：

- 這幅畫，你畫得真美。↕這幅畫，我注意到你用了很多種顏色。
- 你這次考得真好。↕感覺你這次花了很多時間在讀書。

● 你是你們班上跑步最快的。↕ 你們班同學一定很高興你代表班上參加跑步比賽。
● 你答對了，好聰明。↕ 你自己想到答案了，感覺怎麼樣？
● 你都沒有跟弟弟妹妹吵架。↕ 感謝你找到方法跟弟弟妹妹溝通。

注意到兩者的不同了嗎？

上方的語句，聚焦於事情的**結果**；而下方的語句，則關注孩子**努力的過程與投注的心力**。兩者的差別在於，當孩子聽慣了注重結果的肯定時，很容易形成「我必須證明我自己，才會獲得認同」的心境。這麼一來，他們會變得越加渴望「稱讚」，只想聽到「讚賞性的好話」。而這樣的稱讚就像是包著糖衣的毒藥，一開始，我們都覺得滋味美妙；也因為心心念念著這股唇齒留香的味道，而越發努力，以獲得更多。但久了之後，會讓孩子只關注「別人有沒有看到我有多好？我是否能向別人證明自己夠厲害？」長期下來，孩子的大腦會形塑「不管過程如何，只要結果不好，只要他人不覺得我好，就等於我不好」這樣僵化的信念。

而下方的語句，除了聚焦在過程與孩子的努力之外，同時也點出了因為孩子的貢獻，爸媽感到十分感激。當孩子的行為可以著眼在「過程」而非結果，他們就會更願意一次次地嘗試。即使起初的努力，沒有帶來令人滿意的結果，但同樣的事情只要持續做、努力做，自然會有所成長。**關注「過程與努力」的鼓勵語言，會讓孩子將自身焦點放在「我如何進步」，而非一心只想「證明自我」。**

〃鼓勵的精神：讓你的好話不帶有條件

鼓勵與讚賞最大的差別，在於**鼓勵是不帶有條件地真心接納孩子，而讚賞會給人「有條件」的感受**，好像我非得做到什麼樣的結果，才會獲得認同。

張英熙教授在《看見孩子的亮點》一書中，提到了鼓勵的五個面向：

- 肯定特質與能力
- 指出貢獻與感謝
- 看重努力與進步
- 表示信心
- 傳達接納與認可

上述的五個面向，都具備了一個共通的概念：人在面對各種困境與挑戰時，**不論結果如何，都有想被看見努力的天性，特別是孩子更會渴望來自父母的認可**。在我們的文化及語言裡，要能自然地去鼓勵孩子，並不是一件容易的事情。尤其過去不習慣這樣做，現在要重新開始練習，也不會是一天兩天就能上手的，正如同孩子生活裡的各種規矩，並不是短時間內就可以完全建立的。如果「練習鼓勵」這件事對你而言不是這麼容易，可以參考以下為大家整理的「鼓勵語法」，只需要照樣造句就能輕鬆完成。

- 「我看見……」

● 「我注意到……」
● 「我喜歡……」
● 「我感受到……」
● 「謝謝你……」
● 「我很享受……」
● 「我很重視……／我看重……」
● 「我很佩服……」
● 「你的貢獻是……」

其實這個語法沒有那麼困難，仔細拆解後，會發現它是這樣的一個公式：

我＋V.（動詞）＋你的（孩子的優勢／特質／能力／亮點／正向行為）

在這裡，我們結合Part 3所提到的「關鍵4C」概念，把對孩子的鼓勵放到他們「連結、能力、重要、勇氣」的四個需求上。

於是，與孩子的日常對話，可能會是這樣：

- 我很喜歡跟你一起閱讀的時間。（連結）
- 我注意到你很有耐性地在練鋼琴。（能力）
- 我很重視跟你一起運動的時間，有你陪我，我好像更能專心。（重要）
- 我知道這很不容易，但看到你還是持續嘗試，好令人感動。（勇氣）

另外，成功學大師史蒂芬．柯維（Stephen Covey）也在《與成功有約》中提到：「好的肯定有五個基本元素：個人化、正向、針對當下、可視覺化（具體）、充滿情感。」因此，要合併這些元素並化成對孩子的鼓勵，也許可以這樣說：

「今天（針對當下）和你（個人化）一起讀這本書（具體），我（個人化）覺得好享受（充滿情感），因為我感受到你的仔細與耐心（正向）。」

不論是哪種做法，都需要時間練習。說實話，一開始我也很不習慣這些語言，好像它們本來就不是基因裡內建的。但說也奇怪，當我長期使用、慢慢練習，現在就比較能夠自然地脫口說出。

〃鼓勵的核心信念：相信孩子是獨一無二的

對我來說，**教養的意義，在於引導孩子體認到自己的價值與潛能**，而阿德勒心理學相信，每個孩子都是獨一無二、無法被取代的個體。沒有人不想在群體裡被看見，我們都想追求認同感與歸屬感。為了被看見，不論是大人或孩子，都在用自己的創意展現自我。一旦孩子在群體中，感受到自己的能力是有貢獻的，就能確認自身的存在價值。而當人感受到群體的接納與歸屬感，就自然會投入更多的能力，也更願意與他人連結，產生合作的意願。因此，**鼓勵，絕對是建立合作關係，協助孩子找到自我價值的重要作為。**

西方有句諺語：就算再強大的獅子，面對眼前一大群的羚羊，一次也只能抓住一隻。或許對你來說，要以跟過往截然不同的態度來鼓勵孩子、練習不帶有條件的「鼓勵語法」，好像緩不濟急。我知道教養的困境很多很雜，但我們也只能一層一層剝開，一次處理一部分。先從簡單的「鼓勵」練習開始吧！當然不可能第一次就揮出了全壘打，但可以一點一點慢慢學習。有時候，小小的改變，也能夠造成意想不到的影響。

如果真的覺得很彆扭，**那我建議你從「謝謝」開始**。當我們對另一個人說出「謝謝」的時候，就表示我們「看見」了對方的努力，也肯定他的作為對我們有所幫助，是重要的貢獻。「謝謝」絕對也是一種絕佳的鼓勵方式。

18

鼓勵，為何小孩get不到？

#鼓勵

每次談到「鼓勵」這個主題，總會有家長反應：「心理師！你說的我都有做到啊！我也用了你說的『聚焦在過程與努力』的鼓勵方式，但孩子還是無動於衷、冷漠以對。」我明白這種受挫的心情，當我們開始改變，也躍躍欲試地嘗試了好一陣子，卻得不到期待的回應，難免會心生懷疑，覺得一定是這個方法沒有用。但有時候，**不是新方法沒有用，只是暫時還沒開花結果而已。**

身為行動心理師，週末外出工作是常態，家中的事務就得倚靠家人一起分擔。某個週日，工作了好幾個小時的我回到家，意外發現家中窗明几淨，地板光亮潔白，簡直像是樣品屋一樣舒適自在。我立刻猜想，應該是先生捲起袖子、耗費大把心力的成果。常常在外四處演講、推廣「鼓勵」的我，自然是要好好把握這難得的機會，表達我對他的感謝。

我對他說：「哇，謝謝你把家裡整理得這樣整齊，回到家感覺神清氣爽的，心情都放鬆了。」這句話，很恰當地將鼓勵的重點放在「他的貢獻」，而我使用了「謝謝」一詞來表達我有看見他的努力，並強調他的行為為我帶來了正向影響。這絕對是很標準的「正向鼓勵」引導吧！正當我喜孜孜地以為先生也會用他一貫靦腆的笑容，正面回應我：「這沒什麼啦。」沒想到，他竟然是用一種疑惑的眼神，直勾勾地望著我，緩緩地問：「你，今天又買了什麼？」

天啊！原來我的標準鼓勵語法（公式）不只完全沒有到位，還被硬生生地質疑另有目的。被認為說出的好話是帶有條件的，真是叫我心寒！在你的生活中，是不是也有過這樣的經驗？看到孩子好不容易有不錯的進步，心想，這時可以好好練習「如何鼓勵」，而我們也如實表達了。但孩子卻冷漠以對，有時還刻意排斥……這又是什麼原因？

〃鼓勵無法到位的原因①：太習慣「有條件的肯定」

當我們試著鼓勵孩子，卻得不到預料的反應時，得先問問自己，對孩子「沒有反應」感到氣餒，是不是也同樣落入了「條件式肯定」的邏輯？你對孩子的鼓勵與肯定，有讓他打從心底覺得，你是真的認為他值得讚揚嗎？還是面對你的鼓勵，他如果沒有「良好回應」，你的態度就會轉變？反過來這樣問好了，如果你鼓勵了孩子，他卻沒以好臉色回應，你會不會從此再也不想肯定他？如果是這樣，你的鼓勵是不是帶有條件的呢？

確實，不只是小孩，身為大人的我們，在生活中可能都不習慣被「無條件地鼓勵」，因為傳統華人社會本來就不提倡「要多鼓勵小孩」這樣的價值觀。甚至，老一輩還有著「自己的孩子不能自己褒」的信念。因此，所有過往的經驗都告訴我們，天下沒有白白獲得的肯定，只要被稱讚，都是帶有條件的，一切都是有代價的。被肯定，代表我得做出「回報」。於是，當孩子要重新進入「無條件鼓勵」的生活情境，自然會反應冷淡，甚至表現出抗拒。因為，他們心中往往有個聲音說：「現在接受了你的鼓勵，就代表以後得繼續追求更好。但我才不想這麼累，所以我不接受你對我說的任何好話！」

鼓勵是一門藝術，**雙方的親疏遠近與信賴程度，以及彼此的連結感，都會影響鼓勵的效果**。有時候，孩子無法對鼓勵的言語產生正向反應，也許是與鼓勵他的人沒有培養足夠的信賴感，或是對環境缺乏安全感，自然不願意相信對方說的「好話」是真心的。

〝鼓勵無法到位的原因②：不相信對方，也不相信自己

我也曾遇過這樣的狀況，當很認真積極地對難得表現優異的孩子說：「哇，這次的成績比較高分誒，你是不是花了很多時間努力？」我們以為孩子會欣然接受鼓勵，卻沒想到他的反應是：「不是吧！我只是比較幸運而已。」「只是這次考的我剛好會而已。」明明孩子真的很努力，最終結果也證實他的用功了，但為什麼他就是不願意相信自己做得到？

不習慣被無條件接納的孩子，往往對自我的評價都不高，不相信自己有資格獲得正面肯定；而他們大多是我們認為的「氣餒的孩子」。不只不相信別人，也不相信自己。過往太多挫敗的經驗告訴他們，自己就是不夠好的一群。因為成功經驗不足，無法推砌起經得起考驗的自信，所以偶爾一次、兩次的好結果，對他們來說，依然不夠。這樣的孩子不相信自己做得到，更不願意接受鼓勵，是因為他們心裡會想：「我現在接受了，萬一下次又沒做到呢？是不是會

對自己或讓大人更失望？」因此，與其面對未來做不到的失落感，這群孩子寧願現在先否定自己。當他們無法相信自己，自然沒辦法打從心底接受鼓勵。

對於這樣容易氣餒的孩子，父母也請記得，恐怕得花上比較久的時間，才有機會重新建立他們的自信。慢慢讓孩子相信，不管結果好不好，他們都是被接受、也被愛的。並不會因為下次做不好、做不到，他們的價值就被大打折扣。

〃鼓勵無法到位的原因③：大人過度用力，不夠貼近孩子本性

我有個朋友，姑且叫他小明吧。小明在朋友間一直都是個內向老實又友善的人。他來自樸實敦厚的家庭，從小，媽媽就教導他與兄弟姊妹們做人要誠實，不屬於自己的就不能強求。一直按照這樣的信念長大的他，也謹記教導。升上國中的某日，他在學校販賣機的退幣孔撿到了兩枚十元銅板。當時他沒想

太多，直接將錢交給導師。因為他知道，不屬於自己的，就不能拿。

小明這樣做，並不是為了任何的鼓勵與讚揚，他只是單純做了自己認為「正確的事」。然而，這個誠實的行為對班導師來說，是非常值得讚揚的表現。於是那日的導師時間，老師要小明起立，並在全班面前大大誇讚了他一番，還要大家為他拾金不昧的良好行為鼓掌，表揚他作為全班的楷模。

小明回憶說，當他站在講台上，面對全班的拍手鼓勵時，整個人尷尬癌大發作，心中只浮現一個聲音：「太丟臉了吧！」別忘了，當時才十四歲的小明，正值青少年時期，他本來個性就內向敏感，要他站著接受全班的注目禮，實在是極度彆扭的事。更何況身在男生班的他，也因為這個「好行為」，事後遭到其他男同學的訕笑、揶揄。

當下，他就默默做了一個決定：以後撿到錢，再也不會交給老師了！

這個故事的走向，想必跟當初鼓勵他的導師所預想的完全不同。對導師來說，看見學生有良好素行便加以讚賞，並且讓大家都知道，本來就應該如此，這是老師的正向意圖。但他忽略了，小明的個性內向害羞，對他的鼓勵太過用力，反而會適得其反，效果大打折扣。小明表示，後來的他，雖不至於把撿到的錢放進自己口袋，但大部分就是選擇走開，連碰都不會碰了。

我們是不是有時也會這樣？明明只是想鼓勵孩子，但因為太開心、太激賞，於是**施予了過度的力道，導致不夠貼近孩子的本性，讓鼓勵失去效用**，就像國中時期的小明一樣。其實，對個性溫和的他來說，老師只要私下拍拍他的肩膀，給他一個微笑或點頭，就是恰恰好的鼓勵。

鼓勵需要展現創意，過與不及都可惜

每個孩子都是獨一無二的存在，有著不同的樣貌，自然也有各自適合的鼓勵語言。鼓勵之所以是一門藝術，是因為它得因時制宜，依照孩子的發展與內

在需求來給予。當我們想要鼓勵孩子時，得先確定我們的力道是否恰當？我們說出的語言是否貼近自己的真心？所給的鼓勵是否符合孩子的需求？還是父母只是為了做而做？面對還不習慣被鼓勵的孩子，有時只要淡淡地反應，或是輕輕拍拍他們，可能就已經是足夠的鼓勵了。之後，再循序漸進地找到孩子習慣的力道，就能漸漸貼近彼此。

當然，不是每個大人都習慣「親口說出」自己的鼓勵，就像不是每個小孩都習慣「親耳聽見」別人對他的鼓勵。於是，鼓勵可以有各種方式。**無法用說的，就用「感覺」來傳遞吧！**肌膚其實是人體最大的感受器官，皮膚上布滿著各種神經感受器，能傳遞訊息到大腦裡，產生刺激。因此，當我們想鼓勵小孩時，也可以透過簡單的動作，以非語言訊息的接觸來傳遞，像是簡單的擊掌、點頭、擁抱，都可以帶來巨大能量。

鼓勵也需要我們發揮創意，脫離過往的框架去嘗試不同的組合。雙方之間的關係不同，大人的個性不同，孩子的氣質也各自迴異，本來就不可能完全像複製食譜一樣地照表抄課，遵循某個「標準流程」。但這不代表我們無路可走，只要對自己的孩子有足夠的理解，自然能給予最恰當的鼓勵。**當我們心態對了，經過反覆的嘗試、磨合，總會找到最適合自己與孩子的鼓勵之道。**

19
別讓你的管教成為羞辱

#正向管教與引導

講到這裡，恐怕有人會問：「作者一直都在強調鼓勵，關注孩子正向的表現，那，難道錯誤的行為不該被調整嗎？」孩子犯了錯當然要提醒！沒有規矩不成方圓，但確實也有太多人誤解了所謂「愛的教育」，以為那就是讓孩子自由發展，不施予任何框架去限制他。但這樣的自由不是愛，而是放縱。構築教養的過程，當然需要用「愛」來堆砌，因為**親子之愛是一切的根基，更是營造合作式教養的底蘊**。在關係緊張、氣氛緊繃、沒有溫暖關懷的高張力狀態裡，任何教導或提醒，都會勾起防備與衝突，讓效果大大降低。但只講溫和關懷，卻沒有堅定界線，是不能稱為「愛」的。於是，**對孩子管教的關鍵在於，大人們是否能平衡「關懷」與「界線」的力道？**

〃是管教還是羞辱？

小學四年級的時候，有天上美勞課，因為我跟隔壁的同學都提早完成作業，兩個人就在自己的座位上玩了起來。他教我如何用紙和筆玩「紙上飛機對戰」的遊戲：先在白紙中間畫一條線，那是我跟他的楚河漢界，接著在自己的區域裡畫滿小飛機。然後，他教我怎麼立起鉛筆，透過指尖在鉛筆尾端輕輕一推，筆尖便在紙上隨著力道畫出一道線條，就好像紙上的飛機真的活靈活現地噴射出去，在機尾留下長長的足跡。

「這遊戲太好玩了！」我在座位上驚呼。

那是我第一次玩這個遊戲，忍不住在座位上咯咯笑了起來。後來越玩越開心，也越笑越大聲，引來站在教室後方的美勞老師注意。

「誰？是誰在笑？我不是說安靜地坐在自己的座位上嗎？」老師一心想找出干擾秩序的人。

「李家雯！是你，起來！」我被老師抓到沒有符合她的要求，認為我破壞規矩，把我叫起來罰站。

「你說，為什麼笑？」她質問。發現自己惹了麻煩，我指指隔壁的男同學，不敢說話。老師撇了那位同學一眼，然後用一種我至今仍然難忘的語氣說：「喔！難怪你笑得這麼開心，因為隔壁坐了個美男子啊！」此時，我彷彿看見老師話語中的輕蔑，她接著又對我說：「什麼是美男子你知道嗎？」

我搖搖頭，因為我確實不懂，但直覺那不是很好的詞彙。

「美男子，就是長得很帥的男生，也難怪你會笑得這麼開心啦，女生都不敵美男子啊！」全班同學安靜得出奇，只有老師戲謔的語調在教室裡迴盪。當所有人的目光都朝我射來，頓時有一種無地自容的羞愧感，從腳底冷冷地竄到頭皮。我不知道自己當時臉色如何，但我很清楚地看見隔壁男同學的臉，比桌上的彩色筆還紅。他看著我，表情完全變了，剛剛一起玩耍時的友善消失了，此時他雙眼筆直，憤恨地瞪著我，彷彿也在質問：「你幹嘛害我！」

我忘了自己到底罰站多久，也不記得老師的嘲笑何時停止，只知道她叫我坐下後，我立刻趴在桌上開始啜泣。

原以為不舒服的經驗到此為止，沒想到老師發現我趴下來哭後，還不打算放過我，戲謔地又捅了我一刀：「哭？好啊！你就自己在那裡慢慢哭。你現在哭沒關係，將來你一定會記得我、感謝我有好好教你！」

是啊，我果真一直都記得這個老師。

三十多年過去了，我不曾忘記她。特別是每當聽到、看到有師長用羞辱、戲謔的言詞對待學生之時，那抹留在心底裡的「不舒服」就會湧上。但老師說錯了一件事，她說我以後會感謝她，不！我很肯定這件事情從未發生。或許她是一位在教學上很資深，也有貢獻的老師，但那些都不曾留在我的記憶裡。她深深刻下的，是滿滿的權威與羞辱。當時的我不明白自己到底經歷了什麼？然而，現在的我依然不明白，當初為何會被這樣對待？

〃管教也不能剝奪孩子尊嚴

阿德勒心理學相信「平等與相互尊重」的合作，才是家庭和教育裡有效管教的關鍵。我們所提倡的「合作式教養」，便是基於每個個體（不論孩子還是大人）都有為自己負責的自主性，是自己的主人，沒有從屬關係，也沒有誰在本質上優於另一人。

或許當年的那位老師，只是想管束我在教室裡嬉笑的行為，然而，她卻傷害了對孩子基本的尊重，也摧毀了彼此的連結，自然連帶失去了我對她的敬重。縱使她立即快速地改變了我的表面行為，我確實也沒有再嬉笑了，但留在我心裡的，不是「符合教室規矩」的責任感，而是濃烈的打擊和羞辱。我依然不明白為何當時不能笑？老師說「只要乖乖坐在位置上，做自己的事情就好」，那為什麼玩紙上遊戲不算乖乖坐好？還有，我跟隔壁同學玩，跟「他是美男子」到底有什麼關聯？

阿德勒所強調的**「以平等相待」**，當然不是指年紀、能力、體格、經驗或責任的平等，**而是在「尊嚴」上的平等**。因為當有任何一方覺得自己是優勢或強大的一方時，就會自覺有能力和權力，能夠透過言語或行為上的羞辱、貶低、鎮壓，來控制另一個人。而這樣做，只會讓對方留下被打壓的挫敗感受，接著，雙方就會陷入「更想證明自己，都想佔上風」的權力拉扯。於是，打從心裡認同的行為改變，就永遠不會發生。

〃別落入以恐懼為食的「他律」教養

威權式的教養，在過往曾是主流。因為它很「快」，就像特效藥一樣，只要大聲、出手、恐嚇，透過「植入恐懼」的方式，就可以喝止孩子停下眼前的行為。但這樣的停止，未必是真心理解原由。**我們教導孩子的時候，到底是希望他「明白道理」？還是「改變就好」？**我們的作為，是希望讓孩子從錯誤中學習經驗，慢慢學會自律、自主、自重，並為自己負責任？還是要他學到位高權重的人就有資格大聲？拳頭大、聲音大、位階大，就可以任意欺壓別人？如果一直持續如此的方式，孩子會不會也學到「等我力量大了、拳頭硬了，就換我有資格對別人大小聲」？

就如同我們前文提到的，對孩子的「結果」給予肯定時，那便是「條件式的接納」。**因為大多數的獎懲制度，是透過「他律」來形塑孩子的行為**，孩子的動機不是「我想這麼做」，而是「我為了別人這麼做」。

當孩子習慣他律時，就不會認為事情是自己的責任。你可能已經觀察到這樣的現象，當孩子越來越大，卻還是不夠主動、積極，對自己的事情很不上心。當你問他為何某些事情沒做好？他的回答是：「你沒說啊！」「你又沒說『不可以』！」這都是因為已經習慣他律的孩子，很少有機會「自己想」。

我兒子在國中新生訓練結束時，回來告訴我們關於學校的一切校規，像是做了哪些事情會被記警告、記過等等。說完之後，他帶著一種「我搞懂了」的表情做結論：「反正我現在知道遊戲規則了，嘉獎可以銷掉警告，功可以抵過，我以後只要注意平衡就好了。」我清楚地記得，我與先生當下有多錯愕。

我們設定獎懲制度的目的，原本是希望阻止孩子去做錯誤的事，並增加正確的行為。然而，這往往都是治標不治本的作為，**只注重規矩、效率與控制的家庭，就容易忽略教養的初心與溫情。**

〃沒有人能徹底改變另一個人

心理學大師榮格曾說：「你連想改變別人的念頭都不要有。要像太陽一樣，只要發出光和熱。每個人接收陽光的反應有所不同，有人覺得刺眼，有人覺得溫暖，有人甚至躲開陽光。種子破土發芽前沒有任何跡象，因為不到它發芽生長的時間點。」這段話其實很能表達我們在教養裡的態度。身為父母，最重要的工作，就是像太陽一樣，緩慢地、持續地給予，並無條件地支持與陪伴。**當我們營造了適合孩子生長的環境，他自然能綻放出最好的樣貌。**

世界上沒有誰真的有能力「控制」另一個人，**當你用權力與威嚇作為管教手段時，只是反映了自身無能為力卻毫無自覺的傲慢而已。**真正有力量的管教，不是為了令孩子害怕，或停留在表面上的順從，而是要讓他們所展現的行為，不再是為了對抗或避免受罰，並基於自由意志，勇於為自己負責，進而做出改變。

20 該教的還是要教：正向引導叩問法

#正向管教與引導

日劇《我們的奇蹟》有這樣的一幕：六歲大的一輝眼神閃亮地望著架上的碗，那是爺爺親手拉坏完成的陶藝品。耀眼的藍綠色大碗，彷彿在召喚著他，因此，一輝忍不住伸出手，試圖取下來把玩。

突然，身旁飛來一隻蟲子，吸引了他的注意。這隻飛舞的甲蟲，讓一輝忘了手上的陶碗，於是一個不留神……「哐噹！」一聲巨響，手上的碗直接摔破在地上……

此時，爺爺聽見了碗被打破的聲音，走到一輝身旁，不發一語地看著這個年僅六歲的孩子。

你猜，爺爺對他說了什麼？

如果換做是你，看到孩子闖禍了，卻一動也不動地呆呆站著，此時的你會有什麼樣的反應呢？會爆炸怒吼嗎？……我會。但除了責備之外，我們還能做些什麼？

看到孩子犯錯，「焦急」是第一個出現的反應，於是你的情緒起來了，自然不會說出什麼好話，而且大腦還會很盡責地幫你翻舊帳，新仇舊恨一股腦兒地傾巢而出。阿德勒這樣說過：「孩子都會犯錯，但錯了可以改，改正之後便能繼續往前邁進。」當孩子出現了需要修正的行為，**我們除了滿腔的情緒之外，還可以試著進一步思考，身為父母的我們如何透過當下的錯誤，來激發孩子自我反思、當責、自我修正的能力**，才有機會邁向更好的未來。

〃善用「正向引導與提問」

當孩子犯下錯誤，自然需要大人的陪伴與引導，因為該教的還是要教。而秉持阿德勒心理學精神的合作式教養，是以**不命令**、**不責備**的方式，**不將大人的想法硬性套在孩子身上**。因為單方面的命令或指導，無法養成孩子自己解決問題的能力。因此，當孩子遇到困境時，在與父母有穩定的關係連結下，我們可以透過開放性的「正向引導與提問」，與孩子一起探究發生問題的可能原因，共同思考出對策，並且陪伴孩子面對各種可承擔之後果，藉此逐漸培養他們解決問題的能力。你可能看過某些書籍裡提過「**蘇格拉底式提問**」，那也是相同概念，目的都是為了逐步引導，在「尊重並帶著好奇」的態度下，以提問代替質問，降低孩子的防備，並激發他們打從心底改變的意願。

具有平等態度，且積極合作的正向引導式對話，具備下列四個精神：

- 開放問句，正向探索

- 好奇、彈性、不太快評斷
- 適度引導，拋磚引玉
- 關注未來，邁向行動

接著，我們就來一一介紹。

開放問句，正向探索

正向探索的目的，是為了理解孩子行為的內在深層動機，同時釐清問題的本質。而開放性問題，可以避免孩子落入只有「是」或「否」的答案，使他們在回答問題時，能有更多獨立思考的空間。**我們可以用5W1H的問句，即是：what、where、when、who、why、how來引導孩子反思。**例如：

- 今天在學校發生了什麼事呢？
- 我們現在遇到了什麼樣的困境呢？

● 當我們持續嘗試，可能會遇到什麼阻礙呢？

這裡也要提醒大家，**請避免在提問一開始就用why（為什麼）**。我們可能沒注意過，其實「為什麼」問句，也是另一種封閉式的問句。它會讓人落入預設好的回答，也讓對話過度聚焦在過去的錯誤（例如，「你為什麼會這樣做？」），很容易使孩子展現防備的姿態，或合理化自身的行為，反而未必能激發「負責」的態度。所謂「負責」，是為發生的事件採取恰當的行為，進而解決後續的問題，而不是找到始作俑者來怪罪之後，就停止了。因此，若我們真的需要探究事情的前因後果，可以試著使用「**是什麼原因？**」作為開頭，來進行循序漸進的提問。例如：

● 是什麼原因，讓你想要這樣做？
● 這樣做之後，有帶來你想要的結果嗎？
● 如果有機會重來，在這次的事件裡，你覺得還可以怎麼調整？

用「正向引導」的概念來帶領孩子，能夠讓他們產生良好行為。但我觀察到，部分父母在執行正向引導與提問時，往往帶著預設立場，希望孩子說出他們心裡的答案。例如：

- 「你早上起不來，是太晚睡了對嗎？」

（家長預設了孩子前一天太晚睡而起不來，並不是孩子自己反思得來的結論）

- 「你作業太多寫不完，讓你生氣想哭是嗎？」

（孩子寫作業遇到挫折的原因很多，但家長卻預設是因為「寫不完」）

預設立場的提問，看似在引導孩子反思，事實上卻是只能回答yes／no的問題，並不容易引發孩子獨立思考，自己找出原因來改善，也讓孩子養成「我只要順著爸媽的想法回應就好了」的逃避心態。

▨ 好奇、彈性、不太快評斷

保持對一切事物的好奇，不輕易落入評判，能讓做父母的我們練習展開「彈性腦」，也幫助孩子學習「自我評估」。自覺吃的鹽巴比孩子吃的米飯還多的父母們，當然有較多的成功經驗與評估能力，有時便會很自然地立即告訴孩子，他的決定是「對或不對」。但如此一來，**也等於剝奪了孩子「為自己思考」的機會**。因此，先逐步引導提問，會是較恰當的做法，中間的進度或許緩慢，卻能帶來更穩健的效益。例如：

- 如果這樣做，會有什麼優缺點呢？
- 如果用這樣的方式持續進行下去，你覺得會遇到什麼困難？
- 可以告訴我你原本的想法嗎？

▨ 適度引導，拋磚引玉

當孩子先備知識不足，過往經驗也不夠時，當然會發生自己想不出答案的狀況；畢竟無中生有，還是相當困難的。因此，大人適度地拋磚引玉、提供建議，也是必須的。但我們要注意的是，這些建議不會是命令，而是為了讓孩子打開視野、探索更多可能性。**因此在提出建議後，還是要將做決定的權力還給孩子**，讓他自己選擇。如此一來，也能避免硬碰硬，出現孩子為反對而反對的局面。例如：

- 我小時候也曾經有過類似的經驗，我跟你說說看好嗎？
- 你哥過去也曾碰到類似的狀況，你要不要聽聽看他的經歷當作參考？
- 如果是你的朋友遇到這樣的問題，你會怎麼建議他呢？
- 我現在想到三種做法，先跟你分享，最後再讓你自己做決定好嗎？

關注未來，邁向行動

教養，就是一趟不斷向前邁進的旅程，一頁又一頁的篇章翻過，就無法再回頭了。但為何我們在「叮嚀」孩子的時候，老愛回頭看，翻舊帳？引導孩子為自己的行為負責，**不是要他只盯著過去犯下的錯誤，而是幫助他思考怎麼解決眼前的問題，並達到未來的目標**。因此，透過聚焦於「未來」的提問，能讓孩子放眼更長遠的道路，而不會固著在眼前的僵局，也能著眼於實際的行動。不只是「完善的思想家」，也是「積極的行動家」。例如：

- 要解決這個問題，你覺得我們可以怎麼做？
- 你覺得有哪些資源，可以用來幫你達到想要的目標？
- 當你遇到困境時，你會希望我如何幫助你？
- 如果過程中遇到了困難，我們可以怎麼改善？
- 為了達到目標，你打算怎麼開始？何時開始？

〃正向引導，是為了激發反思、當責、自我修正

正向引導的目的，是讓孩子的錯誤行為可以被改善與修正，而不需要過度

追究，造成相互指責的局面，也不是一味地誘導孩子把思維拉到我們期待的預設答案之中。當孩子面對「失敗的結果」，正向提問的目的是為了引導他們：

- **反思**：協助孩子判斷，當下的狀況錯在哪裡？
- **當責**：引導孩子面對失敗與錯誤，讓他知道自己得承擔什麼樣的後果，並如何對自己負責？
- **自我修正**：陪孩子一起探討，下次面對類似的經驗，可以如何改善？

當然，沒有孩子能在爸媽開始使用「正向提問」後，就立刻進化為問題解決達人，永遠不再犯錯。誠如我們一開始練習時，也是歷經了坑坑疤疤的道路。甚至你今天讀了這一段，覺得躍躍欲試，但過了兩天，又會被柴米油鹽醬醋茶的生活雜事磨去耐性，而忘了要對孩子「正向引導」。

不過，那都沒有關係，因為教養本來就是一趟漫長的旅程，而這也代表在旅途中，父母需要不停體驗、行動、反思，為自己的錯誤負責，持續聆聽自己和孩子的內在需求，並改善行為。這也不會是一次性的改變，而是持續思考、不斷修正的過程。**要引導孩子成為懂得自省的人，必然是從大人自己的示範和練習開始。**

對於教養，許多人雖然讀了書中的建議，卻很少真正實踐。這是因為不習慣改變和孩子的相處方式，覺得開始練習很彆扭；**但只學不做，並不會有任何進展。**與孩子合作，要先跨過自己家中獨有的問題，克服內心的框架和束縛，並透過一次又一次的練習來提升精熟度，才會越來越順利。如此一來，自然就能體會合作式教養的美好之處。

故事的後續：關於那個被打破的碗

回到一開始的故事。面對打破的碗，一輝有些困惑，也感到擔憂。他拾起地上的碎片，問爺爺：「這個碗，無法修好了嗎？」

而在一旁的爺爺，沒有惱怒、沒有責備，只是輕輕地反問孩子：「我們可以怎麼做，讓這個碗再度閃閃發亮，能夠繼續使用？」

這個問題促使了一輝開始思考，要如何為自己的行為負責，同時又不損及他的自尊。而爺爺也沒有跳出來為孩子承擔他應該要負的責任。

至於破掉的那半個碗，最終命運如何呢？後來，它成了陪伴一輝多年的寵物龜「喬治」的窩（你可以在日劇《我們的奇蹟》第一集裡，看見完整的故事）。

21

教養的「課題分離」，你是不是誤會了什麼？

正向管教與引導

我的小妹年紀跟我相差了十五歲，某種程度上來說，她就像是我的小孩。說她是由我看著、捏著長大的，一點也不為過。我念研究所那年，妹妹來美國找我，當年她九歲，我二十四歲。那天，我們姊妹倆出外逛街，開心地漫步在異國的街道。來到一間家飾用品店，望著擺滿整個牆面、各式各樣的美麗玻璃杯，我們瞪大了雙眼，開心極了。突然，她一個轉身，身上的背包掃到展示櫃上的玻璃杯，「啪啦！」一聲，整排杯子摔落在地上，全碎了。

妹妹驚訝地愣在原地，不知道該怎麼反應，我則是又慌張又氣憤，心裡想著，這下子我恐怕會被店員要求賠償賠到死了。正想開口數落她時，金髮碧眼的店員出現了。我焦急地看著店員，連忙為妹妹的不小心道歉。意外地，店員並沒有露出惱怒的表情，也沒有指責我們的不小心。相反地，他開口的第一句話是微笑對我說：「That's ok. It's only a glass. Now, is she OK?」（沒有關係！只是個杯子而已。重點是，她有受傷嗎？）

店員的反應，當下給我很大的衝擊。這句話提醒了我，人的價值比杯子重要多了。然而，當妹妹打破杯子的那一刻，我滿腦子想的，都是她的失誤與不應該。我一心只急著想糾正九歲的妹妹！

〃急著斥責，是誰的需要？

確實，我們都深信「子不教父之過」，當孩子犯錯，做家長的我們總會慣性地出手指正，也確保我們有「做事」。但，**透過「懲罰、責備」等方式來教導，是否其實是在滿足父母深層的個人需求？**以「斥責」來指正孩子，會不會也是為了掩飾自己「自覺沒把孩子教好的不安」？甚至，單純就是父母情緒性的宣洩。

教養本是全村落的事，但近代的生活型態，很常變成「全村落都在看」的事。於是我們一個不小心就被「他人」的眼光給綁架，經常惴惴不安地檢核自己的親子關係。身為心理師的我，這樣的內心戲幾乎是天天都在上演的。我常不自覺地把他人的言語變成我腦袋上的緊箍咒，想著：「我是心理師，如果我沒把孩子教好，別人會怎麼看我？」（不說別的，光是在寫這本書，我就邊寫邊擔心，某天你是否也會覺得我是個說一套做一套的心理師？）當孩子在公共場所吵鬧時，你會不會也感到害怕，擔心哪處有個正義魔人正在瘋狂搖頭，甚至是側錄，準備公審你身為父母的資格和能力？

養育孩子，牽扯到多重複雜的系統。一旦人多嘴雜，在教養時就不免急躁慌亂，令大人們慢不下來，也過度在意他人看法，而忽略了教養本是我們與孩子共同的關係。我們需要把注意力「聚焦」在孩子身上，實際去理解孩子的需求是什麼，並且適當地提供引導，**而不是按照我們的需求，或他人的期待來養育孩子。**

你可能聽過「課題分離」一詞，這個概念強調每個人都應該為自己的問題負責，承擔屬於自己的責任。對我來說，我認為身為一個心理師，就應該符合大眾對心理師的專業印象，要把孩子教好，這是我的「課題」；看見孩子成績不理想，擔心學校老師會怎麼看待我這個母親，也是我的「課題」。**這樣的心結需要由我自己來解套，而不是迫使孩子改變，以滿足我的需要。**同樣地，孩子在學校遇到同儕困擾、課業壓力，則是屬於他們的「課題」，**父母不應該為孩子出手，跑去學校替他解決問題。**德瑞克斯醫師在其著作《孩子的挑戰》中提出：「父母應該管好自己的事就好。」（mind your own business），或者是《P.E.T. 父母效能訓練》這本書提及的「問題所有權」概念（problem

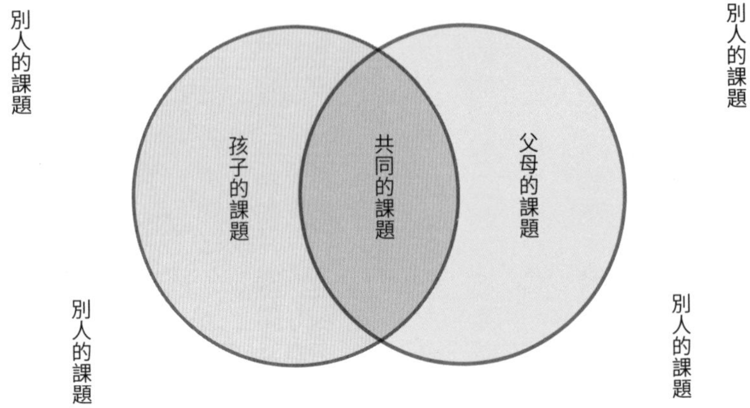

ownerships），都具有「課題分離」的意涵。

在教養裡，要學習課題分離，不去承擔不屬於自己的責任，讓犯錯的孩子為自己負責，這當然很重要。然而，這個概念也不該被無限上綱。我聽過有些父母打著與孩子「課題分離」的旗幟，認為：「小孩發生問題、犯下錯誤時，他得自己去想辦法解決，身為父母的我不要出手。」於是什麼都沒有做。但，這樣的心態忽略了**親子關係的本質**，**本來就是「共同課題」**。孩子犯錯了，得學會承擔，這是他們的「課題」沒錯；但父母在與孩子共處的過程中，要「引導孩子」學習為自己負責，替孩子在失敗與成功之間搭一座橋，這是為人父母的「課題」。

誠如德瑞克斯在《孩子的挑戰》書中說的：「我沒有權去處罰一個和我同樣享有平等地位的人，但我有責任去引導我的孩子。我沒有權去強迫他人接受我的意旨，但我有義務不去答應他的過分要求。」（P.74）而合作式教養，是引導孩子與我們合作。**放手不管，任由孩子自己碰撞摸索，並非「合作教養」的本質**，也失去了人與人之間相互連結帶來的溫暖。

放手還是插手？依照「緊急性」與「重要性」來決定

教養旅程中，父母何時該放手？何時該插手？其實很難清楚界定。畢竟插手太多，孩子長不出自己的能力，但放手太多，又變成過度放任。When & How，確實沒有標準答案，因為這關係到每個家庭的價值觀與信念，也要依照

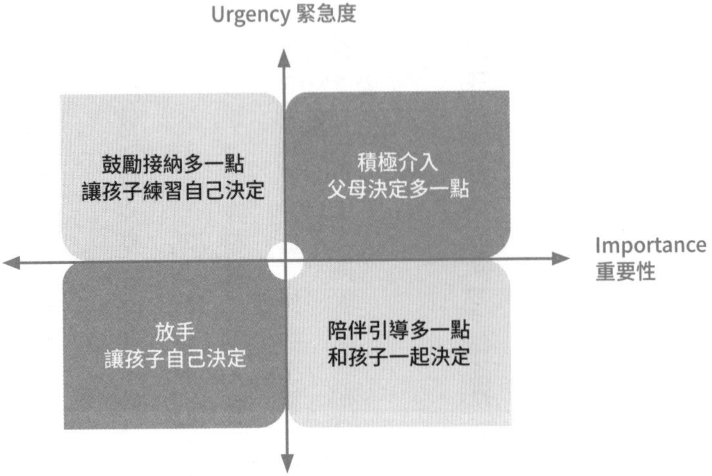

不同情境來實行。儘管如此，**我們可以評估事情的「緊急性」與「重要性」，來決定父母的介入程度。**

生活中的大小事，輕重緩急各不相同。有些很緊急又十分重要，不立刻介入的話，就必須付出高度代價，例如不可逆的生命危險。眼看孩子就要衝到馬路上了，在這麼緊急的狀態下，哪裡有時間慢慢引導溝通？直接出手把孩子抱起來，是必要的選擇。

有時候，生活中一些枝微末節的小事，便可以交由孩子來處理、決定。例如，當孩子打翻水，比起你立刻收拾，不如讓孩子學習自己擦拭、整理桌面，諸如此類的事就可以交給他們慢慢練習。但倘若此時，這攤水直接流向工作要用的筆記型電腦，那就另當別論了。

我記得兒子大概三歲的時候，有天出門，他為了選擇穿藍色的運動鞋，還是紅色的布鞋而傷透腦筋。最後他告訴我：「媽媽，我決定一隻腳穿一種顏色的鞋子。」對我來說，我們只是要去公園玩而已，比起擔心人們注意到他兩隻鞋子不同顏色，而引來的側目和質疑，我認為讓他體驗自己做出決定的後果，更為重要。在那次事件裡，孩子知道了，兩隻腳穿不一樣的鞋子，走路很不舒服。透過經驗自己選擇下的「自然後果」（Natural Consequence）*，孩子的收穫必定更為深刻。

對父母來說，困難的是在做出決定前，要判斷哪些事情屬於緊急？哪些屬

＊此為教育與心理學大師德瑞克斯所提出、運用在教育／教養概念上的理論。意指凡事經過選擇一定有自然發生的後果／結果，而人們透過體驗這樣的後果，來決定下次是否修正選擇。

於重要？而這關乎了每位父母的信念、準則，以及每個家庭的價值觀，因此沒有辦法設立統一的標準。重要的是，**每個家庭都要有基礎共識，讓孩子在清楚的框架下成長，也才能避免因訊息落差而造成的教養不同調。**

如果一個家庭對自己的原則與價值觀不夠清楚，就很容易在做決策時，全憑一時興起或個人喜好。如此一來，每當家中的壓力指數升高，每個人就會像無頭蒼蠅一樣失去方向，也讓孩子沒有規矩及準則可以依循。

建議你定期整理思緒，想清楚自己在教養的旅程上，最在意的是什麼？如此才能為自己與孩子定錨，找出「優先順序」，作為家中各式事件的決定依據，使全家都有共同目標。

〃合作，是「你好，我好，也共好」

善用正向引導與提問的關鍵，在於父母是否清楚自身的價值觀與態度，並把「教會孩子為自己負責、催化他們獨立思考與自立的能力」，視為教養路途上最終的目的，以及最優先的考量。當然，在持續努力的過程中，父母首先要克服的課題，是自己的情緒與內在渴望，才能避免不自覺地朝錯誤的方向過度用力。

所謂課題分離的教養，是釐清事情的輕重緩急，並與孩子一同面對生活中的大小事。要預備孩子成為自立的大人，爸媽必須學習適度允許孩子犯錯，並且理解問題不是一次兩次就能成功改善的。

教養的歷程，就像一齣「雙主角」的舞臺劇。爸媽和孩子都同樣重要，如果只關注其中一方，都是失衡的表現。分清楚哪些事情屬於誰的責任，再各自去承擔，但也不能忽略親子雙方得共同面對、解決的事情。最終，達到「你好，我也好」的共好之旅。

Part 5

與未來合作：「父母」這條路的終點是？

22 當父母，都得這麼委屈嗎？

現代的父母好難為！看看書店的排行榜，銷售最好的往往是親子類別的書籍。這表示現代的爸媽們，都想找到一個快速又有效的配方，來「做好」父母這個職務。讀到這裡，我們來整理一下本書不斷告訴你的配方：

要獲得孩子的尊重、贏得孩子的合作、保持親子的良好關係，還要注意孩子其他身心相關的大小事情……

於是你可能會問：「當父母的，都得這麼委屈嗎？」

讓我們來討論「委屈」這件事吧，到底什麼是「委屈」？一直覺得這是一種非常微妙的情緒，而且在華人文化裡特別常見。

如果說「情緒是心的語言」，那麼，大家不妨想想「委屈」是什麼？

是覺得自己「正確」，卻被人誤會；或努力沒人看見？還是覺得受到傷害，於是想「自己秀秀自己」？「委屈」一詞，有一種「**你怎麼會沒看見我的努力／付出／傷口／真實心意？**」的感覺。特別在偏好曖昧溝通的文化裡，更是容易出現。不論你覺得委屈是什麼，它都帶有一種「**我被錯誤對待了**」的不平心聲（所以英文「覺得委屈」會說：feel wronged，顯示出了這種情緒的「被動性」）。

〃相愛的親子關係，是誰委屈了誰？

那麼，為什麼我們會在親子關係裡感覺到委屈呢？

我發現，容易覺得委屈的父母，往往特別在意孩子，是非常「努力」的父母。他們親力親為、全心投入，對家庭與孩子總是鞠躬盡瘁，扛下一切重擔，以達到「滿分」為目標。這樣的人未必會過度討好孩子，但他們的認真與超出標準的努力，往往不自覺讓自己的身心也超過負荷。然而，除非到了已經快要斷線的邊緣，否則他們通常不會主動表達自己的辛苦與疲憊。

他們的愛很多很滿，但累積久了，怨念也會很多很滿。這類的父母不習慣為自己發聲，表達自己想被看見、認同的需求，甚至是不習慣討拍，覺得身為父母，怎麼可以在孩子面前表現出脆弱的一面。**他們覺得，「不需要」或「不該」為自己的付出說話。**

每當我遇到這樣疲於奔命的父母，總會忍不住問他們：「你都用什麼方式來表達對孩子的愛？他知道你愛他嗎？」大多時候，父母們都會說：「應該知道吧，我這麼努力在為這個家付出誒！」「怎麼會不知道？我可是每天替他張羅大小事。」只有部分的父母會說：「知道啊，我每天都會抱抱他，對他說我愛你！」

但我總忍不住想：每天看父母忙得團團轉的孩子，看見的是父母對他的愛嗎？還是身心疲憊的父母呢？我們又要如何確定，孩子明白「辛苦等同於愛」呢？

同樣地，當我問這些父母：「你這麼努力地張羅孩子的一切，那你會告訴孩子，你需要他看見你的辛苦、給你一些鼓勵的回應嗎？」也有些人回答：「不用吧，反正他都看在眼裡！」或者「這樣講，孩子的回應就不會是真心的啊！」

這實在是有趣的反應。**我們都渴望孩子明白我們的努力與愛，但又吝於主**

動表達我們的需求，於是訊息落差就一直發生。勞心勞力的父母們感受不到來自孩子的正向回應，自然就覺得委屈了，甚至過度疲憊時，也難免萌生「一切犧牲都不值得」的想法。

你會先跟孩子道歉嗎？

如果你會，那麼恭喜你，你是個能屈能伸的父母，願意在孩子面前展現彈性。

但如果對你來說，先跟孩子道歉沒那麼容易，我想問問：是什麼卡住了你？

多數時候，父母們會把自己視為「家裡付出比較多的」，或者地位比較高的，於是理所當然能獲得比較多的免死金牌。就算做錯了事，不說對不起也沒關係，「反正孩子本來就應該原諒我，我可是他老爸／老媽！」

但，真的是這樣嗎？

我總覺得，過去我是個會佔孩子便宜的媽媽。當他們很小的時候，每次對他們凶、擺臭臉，或者沒耐性一點，孩子就是哭一哭，等到睡了一覺起床後，又會笑臉盈盈地面對我。這就是我在佔他的便宜啊。我仗著孩子對我的愛，理所當然地覺得他應該原諒我。直到有天，我發現他會對我「生隔夜氣」之後，才開始意識到，**孩子對父母的原諒，並非那麼天經地義。**

對某些父母來說，和孩子主動道歉之所以這麼困難，是因為那是示弱的表現。父母覺得失去尊嚴，也感到委屈。他們可能會說：「對，我知道我有錯，但他就沒錯嗎？身為孩子，他不是應該先道歉嗎？」

但是，在與孩子相處的過程中，拚所謂的輸贏並沒有意義。**先道歉，在教養的經驗裡絕對是個挑戰，但也是一種示範與練習。**道歉的同時，我們也在表達「在意的感覺」，以及「脆弱是被允許的」；孩子亦能練習「接受道歉」。而在未來二十年、三十年，當他面對關係中的溝通或衝突時，就不會陷入我們此刻的糾結：「為什麼我要先道歉？」

〃當一切都是甘願做也歡喜受，就沒有委屈

曾經，我是個逼死自己的媽媽，因為我想符合「好母親」的形象，同時也想成為「面面俱到的職業婦女」。因此，每天不論工作再忙再累，我也要求自己張羅三餐，把家裡打掃得窗明几淨。也曾經，我為了想要讓孩子體驗到「豐富的暑期生活」，而把那年的暑假排好排滿，然後自己拎著小鬼到處跑，甚至要搭計程車趕場，把時間掐得好緊，也把自己搞得好累。表面上看起來是為了孩子，但我後來才意識到，**這一切的付出，其實都是為了滿足自己「想成為某種形象」或「想達到某些目標」的需求，而做出的選擇。**沒有人得為此背負「償還」的責任，包括孩子。這一切，都應該是甘願做歡喜受。

而當我們開始感到委屈或卑微，是因為覺得孩子（或其他家人）沒把我們的付出、努力、低頭、在意當成一回事，於是忍不住把自己放到一個「可憐」的位置，覺得自己「沒被看見」，或者「付出／貢獻一切很不值得」。

但是，沒被看見，我們就不做了嗎？跟孩子的關係，真的有所謂值得與不值得嗎？我們為孩子做的努力，到底是為了他們，還是為了我們自己？沒有得到回報的愛情，也許可以認賠殺出，而親子關係，又如何求回報呢？想必我們心裡都已經有了答案。

那麼，到底要怎麼樣才能做到甘願做，也歡喜受呢？

對很多爸媽來說，這或許是一道具挑戰性的生命練習。因為我們要學習在付出自己之時，也要維持界線，**記得這是「自己」想為孩子做的，不是孩子「逼迫」你做的，孩子沒有義務要為你的感受負責。**在這樣的前提下，你可以試著以平等溝通的方式，向孩子清楚表達自己也「需要被同理、肯定」的需求，告訴孩子：「有時候，你也可以鼓勵一下爸爸／媽媽喔！」而不是什麼都沒說，就擅自期望孩子會自己明白。

說到底，在親子關係（甚至夫妻關係）中，在乎的人就是要多做一點。但又有什麼關係呢？為了自己在乎的人，在能力可及的範圍內，先低頭、撒嬌、道歉……等，都是值得的，不是嗎？

我總相信，每個願意展現柔軟的父母，都能給孩子最具有韌性的愛。

23 主動出擊VS.被動挨打的教養路

阿德勒心理學強調「目的論」，意指以目的為導向來規畫方向，並驅使自己行動。以阿德勒心理學為基底的「正向教養」也強調，「育兒的最終目標與期待」是教養的行動方針。不過剛開始，我也真的不太明白什麼叫做「以目標為導向的教養行動」。

後來，等到自己真正走在教養這條路後，我才慢慢理解，所謂「以終為始」的教養行動，是常常思考：自己究竟為何生養小孩？最終，又希望自己養育出什麼樣的孩子？（例如，養出「自律」的孩子）未來希望與孩子維持什麼樣的關係？於是，每當困境與挫折發生時，我就需要把自己拉遠一小段距離，來到保持彈性的位置，以「觀察」當下的狀態，心理學稱之為「**後設位置**」。所謂後設觀察，是指對當下發生的情境，用一種像是「第三人」或者「制高點」的角度來評估整體狀況，然後分析思考：當下的各式作為，可能會帶來什麼樣的後果，以及能不能達到自己希望的「目標」。

舉一個我自己的真實經驗作為例子。某天早上，兒子匆匆忙忙起床，胡亂整理書包後，壓死線衝出家門。已經知道他睡過頭的我，穿著睡衣站在陽臺上偷偷觀望，親眼看著他的校車從大馬路旁呼嘯而過，而他站在馬路另一旁⋯⋯沒搭上。

幾分鐘後他衝回家，高分貝嚷著：「媽！我錯過校車了！」早在陽臺目睹一切的我，則氣急敗壞地對他吼：「都要怪你啊！早就叫你睡前要先整理書包，你偏不聽。剛剛起床又拖拖拉拉，才會錯過校車，你活該！你就是不負責任！」

正處於大腦風暴期的兒子，都已經錯過校車了，自然不能忍受我劈哩啪啦的胡亂咒罵，也直接怒嗆：「你說那麼多有什麼屁用？我已經錯過校車了！你快點幫我叫Uber，送我去學校。」

「我才不會幫你叫Uber，你錯過是你的事！為什麼要幫你叫車？自己錯過自己負責！你就自己坐公車轉捷運，晃一個多小時到學校好了！」聽到兒子不自己想辦法，還敢要求媽媽幫他叫車，我更是惱怒。

「碰！」兒子知道媽媽一點都沒有要幫他的意思，便抓了桌上的悠遊卡，憤怒地甩了門出去……

以上，其實完全都沒有發生。

一切都只是我當時的內心戲而已！在我親眼看見孩子錯過校車的那刻，腦袋意念紛飛，出現各種畫面。而此時，我從陽臺轉身回到屋裡，拒絕讓心中的各種情緒嗡嗡作響，避免快要失控的警鈴對我產生「行為」上的干擾。我先走進浴室開始漱洗，一邊刷牙，一邊深呼吸。縱使此刻心中七上八下，我還是先努力安撫自己，於是便望著鏡子，與「她」展開對話。

看著鏡中的臭臉，我問：「很生氣？」

臭臉點點頭。

我又說：「生氣是自然的，因為這與你所期待的不同吧？」

臭臉再度點頭。

「那是因為你想當個好媽媽，所以他沒做到該做的事，讓你很挫折吧？」

臭臉撇開頭，但是臉好像沒那麼臭了。

接著，我又問了幾個問題：

「你之所以想當個好媽媽，是因為你想讓孩子學習到『正確的』態度，那麼這次的事件，你想要他學會的是什麼呢？」

「明白事情的輕重緩急，以及要為自己負責。」我在心中回答。

「如果要他學會負責，等等他回到家裡，你可以採取哪些行動？」

於是，一個清楚的答案湧上心頭：「別急著跳腳，先看看他怎麼處理吧！」

所有生活難題，都是激發改變的主動機會

我相信類似的生活事件，大家應該不陌生吧？孩子「搞砸」的大大小小事情不斷，總是令人疲於奔命。但換個角度想，**如果每次的「搞砸」都是「進化」的契機，那會變得如何呢？**（就像每一隻皮卡丘，都得經過一次次的對戰，才有機會提升能力，進化成雷丘啊！）

以我的這個經驗，在面對兒子錯過校車的當下，心真的很慌。但我知道，我想要的是讓兒子學會「自我負責、自己學會解決問題」，因此，我更該做的是先讓自己冷靜面對。

如果要他學會為自己負責，我可以怎麼做？答案是，我得「安靜地等著孩子自己來跟我討論，他打算怎麼去學校上課」。或者，我可以「靜靜觀察孩子

將會如何解決眼前的難題」。如果他的安排有缺失，我也才有機會跟他討論，讓他心平氣和地接受媽媽的指正與引導。能這樣做，代表我將目標聚焦在「**我希望的未來樣貌**」，而採取主動等待的態度。

但如果我沒有往後站一步，以「**主動因應**」的方式來看待孩子，我可能就會因為焦慮這樣一時的情緒，而陷入「**反應模式**」，開始倉促本能地回應（像是陷入無限瘋狂碎念模式）。如此一來，我不但無法解套困境，孩子也不會有所學習，反而更增添額外的負擔（例如他受不了我的碎念，拒絕討論，甚至大吵一架，讓關係撕裂）。

這就是「**主動因應**」（Proactive）和「**反應模式**」（Reactive）兩者的差別。

所幸，那天因為我能往後退一步（以第三者的身分、制高的角度去看待），才有機會感受到兒子並不是無法處理自己的問題。錯過校車後他回到家裡，告訴我事情大致的經過，並請我傳簡訊跟老師說一聲，接著，自己決定搭捷運換公車去學校。我清楚地觀察到，面對自己的失誤，他沒有逃避遲到的可能，也勇於面對該承受的後果。那天惱人的「晨間麻煩」，立刻成為「生活插曲」，我也因此免於陷入情緒漩渦。

主動積極面對困境，不成為被動反應的父母

養育孩子的過程，真的就是由一連串大小不同的事件組成，喜怒哀樂交雜，酸甜苦辣皆有。當我們遇到問題，眼下當然會急著想解決，自然就很容易長期處在一種「反應」（Reactive）的狀態。這樣沒有不好，只是會使我們永遠活在「應付眼下生活」的狀態，直到下次的困境發生，然後我們再次解決，陷入「發生↓解決↓發生……」這樣的循環，讓教養生活就像是個「問題解決訓練班」，而父母們也為此疲於奔命。

養育孩子，應該是「主動」的（Proactive）。**以正面迎擊的姿態，去掌握**

環境並且採取行動，而不是一直被動地讓當下的反應帶著走。領導大師約翰．麥斯威爾（John C. Maxwell）這樣說過：「我相信人可以選擇如何面對自己的生活。當你是主動積極（Proactive），你會聚焦在『預備』。而當你是被動反應（Reactive），你則永遠在『修補』。」

積極主動的態度，代表我們可以掌握事件對孩子產生的影響，而非控制孩子，也不是永遠在彌補錯誤、解決問題。對於錯過校車的事件，雖然我產生了「心理被動反應」，但我可以選擇在行動上為了更長遠的未來，做主動預備。至於要怎麼做才能「有效主動」？以下是我個人的方法：

● 觀照自己的情緒

「情緒，是心的語言。」生活中總有各種事件，引發的情緒反應也不同。當父母能先「覺察」自己的情緒，「接納」這樣的自己，並願意「允許」自己有脆弱的樣態，就比較不會過度反應，甚至遷怒，也較能讓自己保持在相對穩定的狀態。

● 辨識自己的需求

阿德勒這樣說過：「人在脆弱的時候，就會喪失對他人的興趣。」承認自己的情緒，是為了看見自己的需求，而不轉嫁到孩子身上。同樣地，父母不只要學習辨識心理上的需求，還包括生理上的，例如：睡眠夠不夠？飲食是否均衡？身體與心理有沒有不舒服，或感到不平衡的地方？當兩者有所需求卻沒有被滿足時，很容易讓我們的情緒被當下的事件牽著走。

● 站在更高的角度來看

「帶孩子像戰場，甜蜜一點的那種！」既然是戰場，就需要有人站在制高點，以更廣大的格局來俯瞰全貌。當下發生的衝突或不愉快，你可以用不同的視野來觀看問題。有時帶小孩，就像是在槍林彈雨中衝鋒陷陣，於是良好的「將領」有兩種，一種是一馬當先，在隊伍的最前端奮勇殺敵；另一種，則是在軍帳裡運籌帷幄、掌握局勢。不論哪種類型，都沒有好或不好。只是我相信，站在制高點上觀察的人，總有機會看到事情的全貌。

● 允許放鬆與等待

「讓子彈飛吧！」這是一個很重要的工作夥伴給我的提醒。做事總是急躁的我，遇到事情就想立刻出手，卻忽略了那也會讓自己陷入反射性的「被動反應」。有時先讓自己緩一緩，允許自己等一下，反而能察覺到不同的可能。

● 嘗試不同作為

「不是方法沒有用，而是還找不到適合的方法。」這是家族治療大師薩提爾的經典名言。有時面對孩子，我們容易陷入挫折與無望，是因為總在用無效的行為與孩子互動，就像拿著一把不利的鏟子，試圖挖開前方的阻礙。無用的工具無法帶來正向結果，於是我們需要意識到「其實是工具不對」。面對教養的困境，「換個方法試試」也許會帶來不一樣的結果。

〃重要的事情，一定很麻煩

臺灣俗語說「吃快撞破碗」（欲速則不達），英文也說「Haste makes waste」（匆忙反而浪費時間）。我們在教養之路上，應該更全面地思考所謂「教養效益」的真實意涵。養孩子這件事，本來就不是一蹴可幾、講求效率的。畢竟，**重要的事情，一定很麻煩**。

要養成這個心態很不容易，但不代表就練習不來。有人問過我，怎麼養個孩子這麼麻煩？是啊！**那是因為我們在意孩子，自然會仔細看顧各種「細節」**。否則，養孩子也可以很容易，只要什麼都不管，放生就好了。

電影裡那些安靜的畫面，是留給人沉澱情緒與思考的空間，就像有留白的人生，才能從容優雅。我想，在教養裡也是如此。想要有餘裕地教養，不是完全不管孩子，而是去思考，哪個時機點適合「不出手」？

改變孩子的行為、陪伴他們成長，不會是一天兩天的歷程，而是一場長期作戰。養孩子的確麻煩，但如果一切都太容易，那就沒有價值了，不是嗎？

而在教養上，我們也可以試著應用這五個英文字：

- **專注一意** Attention：「拉遠拉進切換視角，找出容易被忽視的微弱訊號。」面對孩子的錯誤與困境，試著以全新的視野觀察真實的樣貌。同時以孩子的眼界及局外人的視角看待孩子的言行。
  ☑ **應用練習**：可以想想，要是一個外星人遇到正在調皮搗蛋的孩子，他會有什麼想法？孩子的問題還會是問題嗎？

- **脫離情境** Levitation：「休息是工作的一部分。徹底放空大腦，為創意留些時間。」與孩子衝突時，面對瀕臨崩潰的情緒，退後一步讓自己短暫離開戰場，才有機會獲得喘息的空間。在生活中，安排一些跟孩子沒有直接相關的活動，除了為身心充電，也讓教養的創意有機會進入大腦。
  ☑ **應用練習**：平時就要固定安排自己的「放空」時間，才能走得更長遠。

- **豐富想像** Imagination：「結合兩種以上無關的領域與概念，從他處刺激靈感。」保持與孩子的玩心，用樂趣填補教養的辛苦。並透過內外在的各式刺激，來引導我們對孩子隨時隨地都有不同的想像與體悟。
  ☑ **應用練習**：想像一下並描述，你未來想要養出什麼樣的孩子？並以正向的形容詞來敘述孩子的某些缺點（例如，以「隨性」取代「拖拖拉拉」），以引導自己想像「將來」可以如何善用這些特質。

（接續 P.327）

教養小補充

應用在教養上的「外星人思維法」

教養是一門需要創意與大量彈性的藝術。最近，我讀到了一本專門介紹創意思維的書《亞馬遜貝佐斯的外星人思維法》，當我把裡面的概念運用在教養上時，發現可以讓自己練習更有彈性、更積極主動，在此與各位分享。

「外星人」（ALIEN）一詞，分別代表的是這五個原則：**專注一意**(Attention)、**脫離情境**(Levitation)、**豐富想像**(Imagination)、**嘗試實驗**（Experimentation)、**引導向前**（Navigation）。

而外星人思維，指的是人在面對困境或僵局時，要以「外星人」的視角，像是個外來者一般來評估眼前的問題。書裡面提到：「創新歷程是靈活且非線性的。」教養的過程也是如此。如果預備好兩種基礎的外星人態度，便有機會增加彈性：

- 準備好隨機應變
- 準備好放手讓構想成長

- **嘗試實驗 Experimentation**：「做實驗是要改進你的想法，而非證明自己是對的。」教養本來就是在一連串不成功的經驗裡，找到與孩子最適合的相處方式，而不是預設立場，要求孩子努力做到你心目中的「目標」，藉此證明「你的方法有用」。

  ☑ **應用練習**：在教養中，歡迎與接納各種意外。而面對書本或網路上的各種教養建議，請不要照單全收。自己親身嘗試、觀察孩子的反應後，不斷微調與試驗，最終才能找到你們獨一無二的相處之道。

- **引導向前 Navigation**：「要讓大家加入你，而不是樹立敵人。」所有創新嘗試必定會在系統中遇到攻擊與反對，因為一個家中無可避免地會有不同的教養主張。然而，即使遇到理念不同的人，也不要妖魔化對方，輕易劃分出敵我。

  ☑ **應用練習**：不是每個人都願意嘗試新的教養方法，連孩子有時也是抗拒的來源。但大家的目標其實都是希望孩子好，於是你可以先從家庭、學校找到有「共同理念」的人，並以合作共好的態度，試著和反對者持續對話、溝通。

24

把孩子成長路上的夥伴，變成貴人吧！

兒子一直是個心思細膩、很有自己想法的小孩。在一歲半的某天，他童言童語地說著：「我不要尿布了！」自此，我再也沒買過尿布（而且他真的沒再尿床！）。小二的某天，他放學回家後突然告訴我：「我在思考人生的意義是什麼？」但這個有主見的小孩，未必會將所思所想都攤開讓我知道，也常常露出一副「我不在乎」的表情，於是成長路上，我漏接他的機率好高。像是他直到上國中後，才「不經意」地告訴我，他五六年級的時候就開始思考：「到底人生努力有什麼用？」

對我來說，這是很挫折的事（特別我又是內心戲好多的心理師媽媽）。發現自己「錯過孩子的訊息」，就像是錯過孩子成長一樣難受，我很難原諒自己。正因為跟孩子的關係，既緊密又疏離，十分微妙，於是我也總在愛中行走得如履薄冰、小心翼翼。

所幸，兒子是個善良也幸運的孩子，成長路上，總會遇到貴人——願意與他連結的老師們。身為家長，能與孩子的老師有良善合作、互動的經驗，對我有很大的幫助，因為他們總能適時地鬆動親子之間拴緊的螺絲，也讓我看見不一樣的孩子。

就拿他念書這件事情來說吧，身為母親，總是很容易陷入「災難性思考」，一點點小小的問題，便會自動在心中無限擴大。看見這個上了七年級的孩子回家都沒在翻課本，只沉迷在小說與電腦的世界裡，媽媽的內心真的無比惶恐，即使這個媽媽是心理師也一樣。

但某日在與導師的對話中，老師的一句話適時地釋放了我的焦慮：「他在學校，考前其實都會翻書喔！」

這才讓我發現，過度焦慮與擔憂的我，會忍不住放大自己想看見的，而忽略了孩子「原本的樣貌」（大家不妨回想自己年少時，當父母指責我們：「你都沒有在念書！」是不是也很想回嘴：「那是因為我在念書的時候你沒看到！」）。**老師在學校對孩子有著不同面向的觀察，這幫助了我能用更完整的角度來理解自己的孩子。**在和導師的對話中，我經常能聽見她對孩子的「相信」與「允許」。她相信孩子本身的能力，以及本質上的善良。也正因為老師看過很多這個階段的其他孩子，因此更能提醒我，此刻的波動都是常態，也是暫時的。導師的一席話，不只接住了「風暴期少年」的不穩定，更接住了「母親的為難與不安」。

縱使在心理師的專業上，我陪伴了許多家庭與別人的孩子，但在自家的孩子以及導師面前，我也只是一個普通母親。在老師的幫忙下，我不用（也不應該）做專家，而只需要回到自己，做個渴望與孩子連結的母親就好。

〃總有豬隊友，但依然可以打造自己的神隊友

教養的路上，講實話，遇到豬隊友的機會還真的不少。但有時候，豬隊友其實就是自己，因為我們太想要面面俱到地做好每一件事情，藉此證明自己的能力，便時常會忘記邀請同在這條路上的其他隊友，允許他們一起前進。

我的朋友中，不乏在學校任教的老師們，有導師、科任老師、專任輔導老師、兼任輔導老師……我常聽見他們感嘆，為何自己在學校的用心、對孩子的關懷，家長們時常都看不見？有著多重身分的我，也總會思考，會不會大家都是為孩子好，只是彼此卡在自己的感受裡，因而容易看不見他人的良善初衷與作為？

臺劇《我們與惡的距離》裡有一段經典臺詞：「沒有父母親天生就想養出一個殺人犯。」同樣地，我相信沒有任何老師或另一半會那麼壞心，刻意希望你在教養路上更加跌跌撞撞。**有時候，只是大家的首要目標不同而已。**

邀請你回到前面辨識「生命風格」的篇章（第6篇）看看，不妨試著將這個理論套用在你教養團隊裡的人們。這四種不同的類型，分別會讓你想到誰？伴侶？老師？祖父母？而他們各自的渴望是什麼？也許有些人不只希望孩子好，也期待你能看見他的貢獻；而有些人不是對孩子嚴厲，只是他習慣把目標放在解決問題。

是的，我在說的是，能在教學場域裡，以及孩子的成長過程中，**看見每個人的需求與良善意圖，是能幫助我們轉換視角的方式，也是打造神隊友的秘訣。**縱使不是每個人都把孩子的最大利益視為自己的首要目標，也依然能一同營造共好的環境（別忘了西遊記的故事告訴我們，即使團隊裡有「豬」一般的隊友，只要能友善合作、彼此互補，依然能順利上西天）。

〃客觀地給予教學場域一些空間

當然，你可能會說：「那是你們運氣好，總遇到好老師。我們就常遇到地雷！」

是，我承認，在少部分教學場域裡，不適任的老師還是存在，我也聽過不少鬼故事。但我也相信，多數時候，沒有「好、壞」老師，只有他的行事風格適不適合孩子，也就是你家小孩吃不吃這套。如果遇到沒那麼投緣的老師，或許就需要家長在旁協助孩子看見自己的優勢，而不被少數不恰當的老師過度干擾，進而影響孩子的自尊發展。這不也是父母的教養任務之一嗎？在孩子遭遇挑戰時，陪他一起面對，並且引導他培養出不同的適應能力，而不是自顧自地揮著劍，一廂情願地幫他斬妖除魔。

再者，我們能不能客觀看待老師實際的教學場域，給予現實一點的期待？疫情期間，孩子關在家裡，家長們大眼瞪小眼地盯他們上線上課程，結果發現孩子不是坐不住開始分心，就是在那邊東摸西摸。再不然，大一點的孩子會故意不開鏡頭，然後開不同分頁，邊上課邊玩遊戲，而且屢勸不聽，搞到家長心很累、很厭世。

如果我們在面對「自己」的孩子，一打一（或一打二，一打三，一打四……應該不會再多了吧？）都會有疲憊失控的時候，那麼，**學校老師天天在教學現場一打三十左右，總不可能永遠優雅可愛，天天開心。**偶爾有情緒，或無法給每個小孩百分百的關注，自然也是難免的。更何況，老師也有私人生活，需要照顧自己的家庭與身心健康。

家長們微妙的心情，我懂。我們總會希望老師熱情豐沛，把每個孩子都當成自己親生的，但最好眼中只能看到我家小孩！又渴望老師們經驗豐富，十八般武藝樣樣精通。但我的經驗是，剛畢業的新手老師，雖然資歷比較淺，但往往都是最熱情投入，也最賣命的一群。而資深的老師們，當然經驗老到，但他們通常也會在私人與工作之間，畫出較為清楚的界線，適度地把兩者分開。看到了嗎？世界上不會有「能無限上綱的理想老師」，誠如家長自己也不會是完美的啊！

因此，我們對老師的期待與要求，能不能也試著再客觀一點？

「相信」與「允許」，要用在團隊的每個成員身上

若你真的要問，我當然也可以說出孩子的老師們「不那麼美好可愛」的地方，也會希望某某老師能「再調整一點」。然而，持續想著老師的「不美好」，絕對不會幫助我們打造友善的教養之路。相反地，這樣的思維可能會使我更討厭某些老師，潛意識裡拒絕和他們合作，長期之下，又能帶來什麼好處呢？

當老師與家長之間形成微妙的對立關係（例如，彼此都想證明自己是對的），最後深陷其苦的，其實是孩子本人。我總會告訴家長，除非你真的做好了讓孩子轉學的覺悟，否則他在這個老師身旁，沒有意外的話少說就是兩年；

這兩年期間，孩子天天與老師相處，難道彼此要時時刻刻為敵嗎？

要獲得老師的合作關係，有時候不必太刻意，只要「**允許**」與「**相信**」就好。允許師長們用自己的方式對孩子好，也相信他們良善的本意。德瑞克斯說：「不相信，是關係裡的毒藥。」信任，才能帶來合作的互動。就算老師未必是一百分，但大部分都會超過六十分。而六十分的父母，加上六十分的教學團隊，就會是超過一百分的結果。**當你用這樣不帶偏見的態度來看待孩子的老師們，便真的能清楚發現，大家都是為了孩子在努力。**

要打造教養歷程的團隊合作，允許他人提供經驗與意見，絕對是好方法。因為每個人都有自己獨一無二、而你未必能看到的視角。就像在我的經驗裡，老師提供了不同層面的角度，幫助我理解自己的孩子。我們不斷地強調，養育孩子是一個村落的事。教養是合作。**與系統合作、與身旁的人商討，不會讓你變成失格的父母。**透過旁人的眼光，為自己與孩子之間畫出一個客觀的空間，也透過他人的力量借力使力，如此便能得到更多的支持與支援，也在疲憊、為難之間，獲得一絲喘息的機會。

因為，教養是合作。教養，需要眾人來成就。

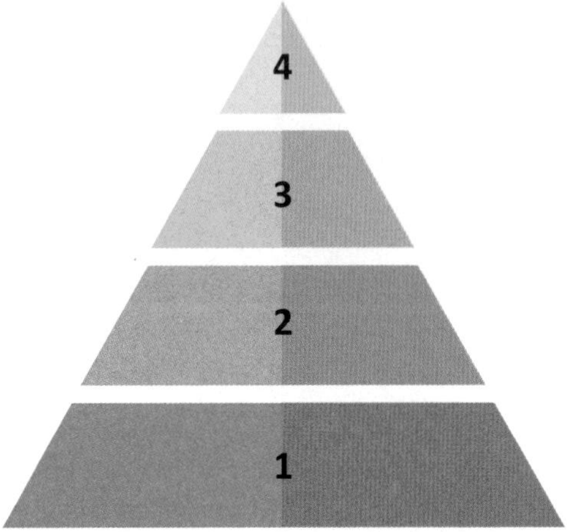

1 辨：辨視自我需求

也就是「自我探問」，了解自己目前的狀況、情緒、需求。

2 尋：找出對方在意的事情

透過「傾聽」、「澄清」、「確認」，找出對方內心需要滿足的渴望。

3 同：找到雙方都追求的目標

從對方渴望、連結自我滿足的部分，確定彼此的需求，並找到替代的可能性，達到雙贏共好。

4 謝：感謝自己與對方的努力

合作不是永遠愉快，只有當雙方願意看懂對方的需求，並調整自己，才有「共好」的可能。

教養小提醒

合作溝通四部曲

李崇義老師在《冰山對話》一書這樣說：「溝通，是一條由內向外的道路。」這意味著，在與人合作溝通的路上，得從觀照自己的需求開始，接著再去探索他人的需求，了解彼此共同的渴望，並達成共識。而最後，別忘了表達對彼此的感謝，因為能合作溝通，代表彼此都有所退讓，也願意付出。互相感謝可以強化彼此未來持續合作的意願。

老子說：「知人者智，自知者明。」在關係裡能理解別人是種智慧，但對自己有足夠的認識，是更大的智慧。當我們看懂彼此的需求，也關照雙方的渴望，友善合作的溝通對話，自然有機會發生。

＊ 關於這部分，有興趣的讀者可以參考前一本著作《你在煩惱什麼呢？》第111到113頁，講述「我們訊息」的篇幅，閱讀延伸內容。

25

以「父母」為職，何時畢業？

乘著時光機回到十三年前，兒子剛出生的那個月。老實說，在標榜著五星級的月子中心，我過得並不好。即使人躺在舒適的床上，嘴裡品嘗著濃郁香醇的麻油腰子湯，一日五餐二點心地被伺候著，我的心依然牽掛著人在隔壁嬰兒室的孩子。於是一天二十四小時，除了洗澡上廁所，我一刻都不希望他離開我的身邊，幾乎每分每秒都要把他推來自己的房間看一下。可想而知，月子做得極差。因為嚴重睡眠不足，加上荷爾蒙變化，我整個人情緒緊繃、焦躁不安，連對他人的態度都不友善。

直到有天，剛好有個長輩來探望我，看著我明明人在月子中心，身心卻一點也沒有放鬆的舒適感，她便以過來人的角度，拍拍我的肩說：「飼嬰仔是飼一世人的啊！」（養孩子是一輩子的事啊！）

當時還是新手媽媽的我，不太明白她想表達的意思，只知道面對眼前這團猶如我心肝的肉球，我想用盡一切力氣去呵護照顧，更深怕自己一個不留神，就錯過了什麼。在我做完月子回到家、重返職場後，這樣的心情也一直持續著。當我休完產假，已屆齡退休的婆婆在家幫忙帶孩子，好讓我可以回去工作。但是，我心裡總有份失落感，整天魂不守舍的。

有天，我對同事說：「我覺得自己好像會錯過孩子的好多事。」

「像是什麼呢？」同事問我。

「他的第一個站立、第一次爬行、第一聲媽媽……我都看不到了。」

而孩子已經很大了的同事，當時也只是笑笑地對我說：「哎，往後你要錯過的還很多，總不可能永遠都顧在旁邊吧！」

這兩段對話，總是時不時地在我腦海裡浮現，特別是在我遇到孩子有狀況的時候。

〃教養是「長期」的旅程，別被眼前的事情牽著走

你會不會常有這種感覺，養小孩，好累！一直有處理不完的「急事」和「瑣事」，而且每件事都好重要，都得用最大的力氣處理。好不容易眼前的事告一段落了，隔日又會有新麻煩接踵而來。常常覺得自己是過五關斬六將的關老爺（甚至比關老爺更忙），每天就是無限循環地應付孩子惹出的「大小事」。計畫趕不上變化，人生比RPG遊戲更難通關。

於是，生活似乎越來越失去自己的步調，也遺失了養育孩子的「初心」。

對你來說，教養真正的目的是什麼？未來，你又希望自己教出什麼樣的孩子？在親職講座的時候，每當我問家長這個問題，大家會非常熱烈地拋出各種答案：正直、勇敢、自主、獨立、自立、負責、自律、友善、合群、能同理他人、能忍受挫折……

現場父母的聲音此起彼落，清楚又確定，而那些答案，就是他們內心深處的核心信念與價值。在大多數時候，我們的信念與價值，會引領著我們在教養裡的行動，來達到內心追求的目標。不過，那是在我們「理智」的時候。當遇到親子衝突時，我們大部分的「當下反應與作為」，是否容易偏離軌道呢？

這恐怕是個需要父母認真探索與覺察的問題了。你是不是也和我一樣，疲憊或壓力太大時，孩子一有狀況，就很容易卡在自己的情緒裡，而忽略了「教養的真正意義」？為了趕快解決眼前的困境，我們時常忘了往後退一步，綜觀整件事情的全貌，做到真正的有效教養。例如，孩子打翻了水，我們急著要他學會教訓，就先吼了他；卻忘了用安定溫和的口吻對孩子說話，才能在不破壞關係的情況下，使他們真正學習。

經常思考**「我想養育出什麼樣的孩子？」**，能協助我們聚焦自己的信念與價值。如同《與成功有約》這本書裡提到的「以終為始的自我管理」。當我們汲汲營營於生活時，就經常會被瑣事牽著走，而忽略自己在教養路上真正的軸心概念。於是，**所謂「以終為始的教養」，是找到自己的核心原則，並以此做為圭臬，來達到教養的目標**。如此一來，就有機會兼顧事件的重要性與急迫性。

"只要穩穩地走，一切困難都會過去的

親職講座時，我慢慢發現有些父母，在養兒育女的路上可以走得相對遊刃有餘，就算不是從容優雅，也不會逼死自己。而這些父母的特色是多半能在教養裡找到樂趣。

很喜歡《脆弱的力量》書中這段話的提醒，因為它告訴我們：「教養，急

不得！」

「不完美的教養時刻對孩子來說才是大好機會……重點在不堅持完美，也不堅持孩子一定要快樂。完美並不存在，讓孩子快樂的事，不見得能讓他們長大後變得更勇敢、更投入。」（P. 39）

問問自己，擔任父母的你，要到何時才算畢業？孩子十八歲上大學？孩子結婚生小孩？或者，等到我們入土那刻？既然養孩子是「永恆」的事，我們又何苦把自己卡在當下的焦急情緒裡？

回想孩子小時候在幼兒園所遇到的狀況：不吃副食品、腸病毒、跟同學吵架……所有平凡的點點滴滴，在當時都感覺像是重大事件。現在，當我們把時間軸拉遠，慢慢往回看，**就會發現當時的心慌只是暫時的，只要穩穩地走，總會過去的。**

莎士比亞說：「不要因為一次的失敗，就放棄你原來決心想達到的目的。」

有時孩子的行為，真的很可惡沒錯，而且會令爸媽氣到不行！但我們也可以提醒自己，你生氣的是他此刻的行為，而不是這個人。**父母的工作，就是要帶著愛來陪伴孩子成長，並協助他減少這些討人厭的行為**。

教養過程的辛苦，確實常常讓我們失去相信未來會更好的勇氣。但每當遇到困境的時候，你所湧現的挫折感受，也正是在提醒，**你想為自己和孩子創造「不一樣的未來」**。

〞教養，是與未來依然想愛孩子的自己合作

未來的你，想與孩子建立什麼樣的關係？你希望你們是哪種互動模式？我總想像，將來我年老時，能躺在舒服的搖椅上，一旁的壁爐燃燒著溫暖的火光，而我的孩子牽著他的孩子回來找我，說：「來，那是阿嬤！去跟阿嬤抱一下好嗎？」那會是多麼溫馨美好的畫面。

育兒是一段漫長但精采的旅程，在柴米油鹽的平凡日子裡，與哭鬧歡笑的生活點滴中，留下許多令人回味的片段。不要小看這些微小的火花，因為當你的孩子慢慢長大，那些曾經使你痛苦、挫折、困惑的時刻，都會化作生命裡的幸福色彩。它們會讓你回憶起，當初將孩子捧在懷裡，望著那團小小的肉球，你心中有多麼歡欣喜悅；也讓你想起，自己立下了誓言，要用愛守護這個孩子一生。

教養沒有標準答案，也沒有公式可以套用，但要有解決問題和創造目標的能力。你得靠自己去摸索與孩子互動的最恰當距離，把書本上的資訊、他人的分享去蕪存菁後，留下適合自己的，再結合自身經驗及孩子的反應，彙整為獨一無二、屬於你們的教養使用手冊。

教養是合作，與自己合作，與伴侶合作，與孩子的本質合作，也與周遭環境合作。願我們在教養路上，轟轟烈烈也好，平平順順也罷，都能擁有各自的精采與體悟，看見專屬於自己的風景。

教養是合作

阿德勒陪你探索最適親子關係，讓共好成為家庭日常

作　　者　李家雯 Heidi Lee

責任編輯　黃蕨菁 Bess Huang
責任行銷　朱韻淑 Vina Ju
封面裝幀　Dinner Illustration
版面構成　黃靖芳 Jing Huang
校　　對　葉怡慧 Carol Yeh

發 行 人　林隆奮 Frank Lin
社　　長　蘇國林 Green Su

總 編 輯　葉怡慧 Carol Yeh
主　　編　鄭世佳 Josephine Cheng
行銷經理　朱韻淑 Vina Ju
業務處長　吳宗庭 Tim Wu
業務專員　鍾依娟 Irina Chung
業務秘書　陳曉琪 Angel Chen
　　　　　莊皓雯 Gia Chuang

發行公司　精誠資訊股份有限公司
　　　　　悅知文化
地　　址　105台北市松山區復興北路99號12樓
專　　線　(02) 2719-8811
傳　　真　(02) 2719-7980
網　　址　http : //www.delightpress.com.tw
客服信箱　cs@delightpress.com.tw
ISBN　978-986-510-255-5
建議售價　新台幣399元
首版一刷　2022年12月
首版四刷　2024年9月

國家圖書館出版品預行編目資料

教養是合作：阿德勒陪你探索最適親子關係,讓共好成為家庭日常／李家雯Heidi Lee作. -- 初版. -- 臺北市：精誠資訊股份有限公司,2022.12
352面；14.8×21公分
ISBN 978-986-510-255-5 (平裝)
1.CST: 親職教育 2.CST: 親子溝通 3.CST: 親子關係
528.2　　111018420

建議分類｜親子教養

悅知文化
Delight Press

線上讀者問卷 TAKE OUR ONLINE READER SURVEY

一個家，是完整的圓，每個人都有各自要承擔與貢獻的責任。

——————《教養是合作》

請拿出手機掃描以下QRcode或輸入
以下網址，即可連結讀者問卷。
關於這本書的任何閱讀心得或建議，
歡迎與我們分享 ◡̈

https://bit.ly/3ioQ55B